JN300951

入門 制度経済学

ベルナール・シャバンス【著】
Bernard Chavance

宇仁宏幸＋中原隆幸＋斉藤日出治【訳】
UNI Hiroyuki, NAKAHARA Takayuki & SAITO Hideharu

L'ÉCONOMIE
INSTITUTIONNELLE

ナカニシヤ出版

Bernard CHAVANCE: "L' ECONOMIE INSTITUTIONNELLE"
© Editions LA DECOUVERTE, Paris, 2007
This book is published in Japan by arrangement with LA DECOUVERTE
through le Bureau des Copyrights Français, Tokyo.

日本語版への序文
経済理論の制度主義的転回はあるのか

　日本の読者が手にしている本書は，制度経済学の主要なアプローチに関する入門書である。本書は，経済を本質的に**制度化されたもの**としてとらえる共通の理論系譜に属する様々な制度主義的理論を考察している。とはいえ制度経済学はひとつの理論ではなく，様々な種類の理論が集まったひとつの分野である。この小著でわたしは，これらの様々な理論が共有する，横断的な数多くのテーマを強調しながら，これらの諸理論の生成過程をあきらかにしようとした。その際，これらの諸理論が依拠している，学問的基礎，仮説や問題意識が多様であることを無視してはいない。

　解釈学的転回，認知論的転回などのように，社会科学の近年の進化を示す様々な形の「転回」が，諸解釈にもとづいて，指摘されている。本書が着目するのは，経済学における「制度主義的転回」である。たしかに，1980年代以降制度に対する関心が著しく高まったし，またやや通俗的な形ではあるが，経済学の論文や書物のタイトルそのもののなかでの制度への言及もあきらかに多くなった。これらのことは本書が伝えようとしている主張を裏付けるものである。

　しかしながら，こうした制度主義的転回は，いくつかの側面では，あいまいである。こうしたあいまいさを説明するた

めに，わたしはポスト社会主義経済の分析を例にとってみたい。

ポスト社会主義の移行の経験は，Evans（2005）が開発経済理論において「制度主義的転回」と名付けたものに大いに貢献した。たとえば Roland（2000）は，移行における「進化論的・制度主義的」見方について 1990 年代後半に意見が一致したとみる。また，Murell（2005）は，学術文献のなかに「移行と制度」というテーマが登場する回数を測定し，1989 年以降の 5 年間（この時期はワシントン・コンセンサス［経済改革の方向に関するアメリカ政府，IMF，世界銀行のあいだの共通認識。財政赤字の是正，金利自由化，貿易自由化，民営化などからなる］と結びついた型通りのテーマが支配的であった）ではほとんどゼロであったが，2002 年に出版された論文の 35％に「移行と制度」というテーマがあらわれることをあきらかにした。こうした新しい知的状況の例としては，「市場のための制度を構築する」というこれみよがしの題名をもつ世界銀行『世界開発報告』（World Bank, 2002）を挙げることができよう。

こうした見方の変化が生じた主たる理由は，移行の経験における予期せぬ展開にある。各国で見られた変化の道筋は多様であり，国家，法律，インフォーマルな諸制度が決定的に重要であることが，この移行の経験によって浮き彫りになった（Chavance, 2004）。移行戦略に関する当初の論争もまた少しずつではあるが制度的アプローチの妥当性を証明した。制度的アプローチは，きわめて早い時期から標準的アプローチに

おける目的論的概念を問題にし、かれらが移行のスピードに力点を置いていることを問題視していたのである。こうした形の批判は、1990年代を通して影響力を増した「新制度派経済学」(North, 1994) によって定式化されるに至った。

しかしながら、実際の制度主義的転回の諸結果を子細に検討するならば、おそらく経済理論の方向転換は、しばしば想定されるほど顕著なものではない。実のところ、この点については、より微妙で、さらには慎重な判断が必要かもしれない。理論的発展の数の多さは、学問にとってプラスであり称賛に値するものであるにしても、「新しい制度主義」が、支配的な新自由主義的学説によって広く研究され発展させられた結果、「経済学」の知的状況に相応の効果をおよぼしたかどうかははなはだ疑わしい。

多くの研究は、様々な国の膨大な「制度」データベースと、「制度」指標にもとづいている。これらのデータや指標は、企業ないし投資家に対するアンケート、国際機関による研究、様々な国の法律の評価やその法律の適用の度合い、そしてしばしば世論調査から構成されている。そして、これらの諸研究は、様々な国の「比較制度パフォーマンス」の測定を試み、「制度の特性」という指標と成長率とのあいだに相関関係を見いだしている。しかしこれらの諸研究では、「制度が重要である」という格言は限定的に解釈され、その制度の役割の考察は、「最良の制度」を前提とした制度の効率性の分析になってしまう傾向がある。「最良の制度」は多くの場合、アングロ・サクソンモデルと顕著に類似しており、その理想型

は，法のルール，よいガバナンス，コモン・ローの効率性，自由化された金融，柔軟な労働市場，問題のある「寛容さ」をともなわない社会保障，等々である。

　このように，制度という主題は，金融が主導権をもつ時代に特有の，ベンチマーキング法［最良の事例との比較分析をする手法］というパラダイムに吸収されている。このパラダイムはしばしばすべての合理的な理論分析に取って代わりつつある。このパラダイムでは，ある制度（私的所有の拡大，少数に過ぎない株主の保護，法制度の「質」）と，経済成長率に還元される国民経済のパフォーマンスとのあいだで想定される相関関係は因果論的な説明となってしまう。その結果，このような説明から導かれる処方箋は，諸制度を標準的経済学に内生化したと思い込んでいる経済学者たちの側に，あらかじめ明示的あるいは非明示的に存在する処方箋にすぎないのである。また学会の諸論争の焦点となっているのは，数量的推計をベースにして，長期的発展において重要な諸制度をどのように推定するのかという問題であり，また効果的な反応が見られる事例において制度の性質をどのように特徴づけるかという問題にすぎないのである。

　このようなアプローチの限界は明白である。Rodrik（2004）が強調しているように，「実際の経済的帰結は，特定の制度的構造と対応関係をもたない。機能から形態への直接的対応関係はまったく存在しないのであるから，特定の法ルールと経済的帰結とを結びつける必然的で実証的な経済的規則性を探すのは無意味である。制度の作用は局所的な諸制約と諸機

会に依存する」。同様に次のことも言えるだろう。こうした制度の測定の多くは，検討の対象となる時代，用いられる指標，考察されている国によって大きく変化する。ポスト社会主義の移行に関する研究において，たとえば中国の経験は考慮されていない。なぜなら中国は中欧・東欧諸国や旧ソ連諸国と比較できないと考えられているからである (Sachs, Woo, 2000)。実際，中国経済がもつ制度の特性は，「よい制度」という仮説に照らしてみると，通常の比較研究で検討されるどの点においてもまったくたいしたものではないように見える。だがそれに反して中国の「パフォーマンス」(これが経済成長で要約されるとすれば) は持続的に桁外れであるように見える。現代の「制度的」ベンチマーク法の重大な欠点とは，制度経済学理論 (旧制度学派も新制度学派* も) が比較分析の要点として正しく強調しているものを，まさしく隠蔽していることにある。この比較分析の要点とは，制度の補完性，経路依存効果，潜在的な制度的構図の多様性とこの構図のなかでの最適解の不在，パフォーマンスというまったく一義的な概念に対する**持続可能性**および**順応性**という概念の優位性，ポスト社会主義の経済もふくめて，資本主義の諸形態がもつ進化的多様性，である (Chavance, Magnin, 2000)。

ポスト社会主義経済の経験，そしてより一般的には経済発展において制度が果たす役割に関する最近の論争が示しているのは，いつの日か経済学における制度主義的転回が本当に生じるかもしれないとしても，それは現時点では未完成であるということである。ここ25年ほどの間に世界的な主導権

を手にした新自由主義理論と新古典派のパラダイムとの結びつきが，反体制派的なテーマを解体し懐柔する大きな力をもつということを今一度確認しておこう。制度経済学の様々な理論は最近の時代の流れのなかで間違いなく多くの支持を獲得してきた。こうした進化が持続的に強化されうるか否かは歴史のみが知ることであろう。本書のささやかなねらいのひとつは，この理論の豊かさを強調することによってそうした進化が大いに望ましいということを，読者に説得的に示すことである。

原註
* たとえばノースは「よい解決法をいまや知っていると思い込んでいる世界銀行の報告書と伝統的経済学者たちの出版物の傲慢さ」を批判している (North, 1997)。

目　次

日本語版への序文：経済理論の制度主義的転回はあるのか　　i

序章　経済学における制度主義の系譜────────── 1

I　制度主義の元祖──────────────────── 5
　1．シュモラーとドイツ歴史学派　　5
　　1.1　制度と機関　　6
　　1.2　制度，自由と進歩　　8
　　1.3　慣習と法　　9
　2．ヴェブレンの進化論的制度主義　　11
　　2.1　非「ダーウィン」的諸理論の誤謬　　12
　　2.2　マルクスと歴史学派の限界　　15
　　2.3　経済の進化論的科学のために　　16
　　2.4　制度の本性と起源　　18
　　2.5　本能と習慣的行動　　19
　　2.6　ヴェブレンの二項対立論と二元論　　21
　　2.7　制度の進化　　23
　　2.8　累積的因果連関　　24
　　2.9　制度の進化論的選択　　27
　3．ハミルトン：制度派経済学　　28
　　3.1　制度派経済学のために　　29

3.2 社会的慣例と習慣的行動　30
   3.3 制度の転換　32
   3.4 制度の両義性　34
 4. コモンズ：組織と制度　35
   4.1 経済諸理論の限界　37
   4.2 制度化された精神　38
   4.3 活動的組織　40
   4.4 ワーキング・ルール　41
   4.5 取引の理論　43
   4.6 集団的行動とコモン・ローの方法　46
   4.7 制度主義，時間性と将来性　47
 5. ポランニーと制度化過程としての経済　50
   5.1 統合の諸形態　50
   5.2 「社会からの自立」という問題構成　53

II オーストリア学派とオルド自由主義 ──────── 57
 1. メンガー：有機的アプローチと実用主義的アプローチ　57
   1.1 有機的構成としての貨幣　58
   1.2 複雑な相互作用　60
 2. ハイエクにおける秩序とルール　62
   2.1 自由の諸制度　62
   2.2 秩序とルール　63
   2.3 ルール，知の分割，知識の伝達　67
   2.4 国家と法　68
   2.5 文化的進化　71
 3. オイケンとオルド自由主義　74

       3.1　経済的秩序，所有，計画化　75
       3.2　競争的秩序の保証人としての国家　76
       3.3　立憲的原理と調整的原理　77
III　新制度派経済学————————————————————81
   1．ウィリアムソンとガバナンス・メカニズム　81
       1.1　市場，企業，取引コスト　81
       1.2　ガバナンス様式の比較効率性　83
       1.3　新制度派経済学の中間的位置　85
   2．ノース：フォーマルな制度とインフォーマルな制度　87
       2.1　新古典派の限界　88
       2.2　フォーマルな制度，インフォーマルな制度とそれらの履行　89
       2.3　権力と効率性　90
       2.4　組織と制度　92
       2.5　制度の変化　93
       2.6　制度のマトリックスと経路依存性　95
       2.7　制度とパフォーマンス　96
   3．ゲーム理論と比較制度分析　98
       3.1　青木昌彦：共有予想としての制度　100
       3.2　グライフのルール，予想および組織の結合　106
IV　現代ヨーロッパの諸学派————————————————111
   1．レギュラシオン理論：歴史的なマクロ経済学　111
       1.1　歴史的な資本主義の制度諸形態　113
       1.2　諸制度と制度化された妥協　117
       1.3　資本主義の多様性，補完性と階層性　118

   1.4　危機　119
 2．コンヴァンシオンの経済学：ルールを解釈する　121
   2.1　制度としてのコンヴァンシオン　123
   2.2　個人間のコーディネーション：解釈の場所　125
   2.3　規範的秩序のエコノミー　126
   2.4　コーディネーション形態の多元性　128
 3．ホジソンと旧制度派経済学の刷新　130
   3.1　実在と創発の多層化　130
   3.2　進化論的制度学に向けて　132
   3.3　再構成的な下向きの因果関係　134

Ⅴ　制度主義の統一性と多様性 ―――――――――― 139
 1．主要な共通テーマ　139
 2．著しい多様性　141
 3．理論的差異　144
 4．限定的な対象，一般的な理論　148

参考文献 ――――――――――――――――― 151
 訳者あとがき　161
 日本語基本文献の案内　167
 人名索引　173
 事項索引　175

序章　経済学における制度主義の系譜

　制度経済学はひとつの理論的系譜として考えることができる。それは経済学の研究において制度を重視するという命題を共有し，さらに制度を本質的な考察対象とする。制度経済学は，学問としての経済学は制度を考慮しなくともよいとか，制度はむしろ政治科学や社会学や歴史学といったほかの学問でとりあつかうべきだ，というような諸理論とは区別される。
　ほぼ19世紀全般にわたって支配的な影響力を発揮したイギリスの古典派経済学は，たしかに経済的な諸制度に関心を抱いた。たとえば，階級の形成を規定する所有の制度とか，国家法の望ましい境界とその本性といった問題に関心を抱いた。だが最初に経済の制度的アプローチを練り上げたのは，古典派経済学の伝統に異議を唱えたドイツの歴史学派や米国の制度学派のような潮流であった。ドイツの歴史学派や米国の制度学派の国際的な影響力が高まるのは，19世紀の末および20世紀の初めの30年間であり，とりわけ米国においてであった。米国では，学会においても，ニューディール政策の際も，制度学派の反響が大きかった。だが，オーストリア学派もまた，その当初から，歴史学派との論争を通して，制度的次元を発展させていたのである。

しかしながら，1940年代以降，米国をはじめとして「新古典派」が圧倒的な国際的主導権を確立し，制度主義の遺産をほぼ完全に消し去ってしまった。結局のところ新古典派のアプローチが20世紀全般を支配することになったが，このアプローチにとって，経済学の中心的なテーマは市場である。この経済学は，合理的な，計算的理性をもった，効用主義的な個人の行動にもとづく均衡という用語を使って推論をおこない，主として効率性に関心を抱く。そこでは，制度の諸問題が，つまり経済過程の歴史的次元が，極端に過小評価され，ときには完全に消去される。制度のテーマは引き続き多くの分野で——たとえば，労働経済学や労使関係の経済学，大企業の分析や開発経済学において——その重要性が理解されてはいたが，それでも支配的な経済学は，20世紀の後半には，制度を基本的に，かつ意図的に無視した。こう言ってもけっして誇張ではない。

ところが，20世紀の最後の20年間に，様々な経済理論のあいだの複雑な関係が徐々に変化した（Hodgson, 1994）。またもやアメリカを起源として，活力あふれる「新制度派経済学」が新古典派の伝統から生まれ，台頭し，諸仮説に関して新古典派の伝統と一線を画し，制度の重要性を強調するようになる。たとえば，所有権，あるいは市場と企業のヒエラルキーのような代替的な「ガバナンス様式」といった制度の重要性が強調される。また同じ時期に，最初の制度学派（「旧制度派経済学」）の刷新がおこなわれた。この刷新は，アメリカを発生源としているが，とりわけヨーロッパでおこなわ

れ，進化主義のようないくつもの革新的な潮流が，制度主義的伝統とのつながりを鮮明にした。最後に，オーストリア学派の復活がある。この復活は，世紀末の新自由主義への大転換にともなうものである。そしてそれは，長らく低迷していた制度経済学の他の潮流を再活性化した。このような進展は，あきらかに歴史的な状況と無関係ではない。1980年代以降の資本主義世界における膨大な制度変革，社会主義システムの危機とそれに続く転換，発展途上諸国の経済の著しい分極化，これらすべての激変が，制度分析を必要としている。均衡のパラダイムや，「あらゆる事態はほかのところでも同じである」というお定まりの仮説は，けっしてこのような制度分析をうちたてることができない。それに加えて，新古典派系列の研究計画がある程度ゆきづまり，刷新された制度主義的アプローチの影響を受けた結果，新古典派自身がその方法と概念を制度の諸問題にまで押し広げようとしている。周知のように，公共選択論，所有権理論，「法と経済」理論，立憲経済学，契約理論，エージェンシー理論，といった諸理論がそれである。

　こうして21世紀の初頭には，制度の役割に関して，経済思想の多様な諸潮流のあいだの理論的，方法論的対立が，大幅に再編された。今日では，次のような新しいかなり広範な合意が成立している。経済においては制度が重要であり，制度を考慮しなければならない，と。制度主義のレッテルを張られた経済学者は，2，30年前であれば事あるごとに嘲笑を買った。今日では，むしろ制度主義が流行である。もちろん，

アプローチ・方法・概念における差異は依然として重要であり，多くの場合縮減しがたいものであるが，諸潮流のあいだの境界，正統と異端のあいだの境界が定義し直された。概して「制度に取り組む経済学」という同じ畑を耕す多様な潮流の活力は，経済思想の病というわれわれの時代を特徴づける状況において比較的有望な兆しである（Chavance, 2001）。

　本書は，制度経済学の様々な主要な諸潮流の入門書とみなすことができよう。つまり，経済理論の内部で制度経済学の系譜を構成する論者および潮流について理解を深めるための誘いである。もちろん，本書は完全なものではない。巻末に挙げた文献目録を参照して補ってほしい。本書では，主要な論者や潮流に焦点を絞るという方法を採択した。

　第Ⅰ章では，制度主義の元祖をとりあげる。歴史学派としてシュモラーを，米国の制度学派としてヴェブレン，ハミルトン，コモンズを，そしてポランニーをとりあつかう。第Ⅱ章では，オーストリア学派のメンガーとハイエクが，さらにオイケンのオルド自由主義が考察される。米国の新制度派経済学は第Ⅲ章でとりあげられる。ウィリアムソンとノースの著作とともに，ゲームの理論に言及した2人の論者（青木昌彦とグライフ）をとりあげる。第Ⅳ章では，現代ヨーロッパのいくつかの潮流に言及する。レギュラシオン理論，コンヴァンシオン学派，ホジソンの進化論的制度主義をとりあげる。最後に，第Ⅴ章では，制度経済学の系譜や領域の内部における多様性と統一性の問題を論ずる。

I　制度主義の元祖

1．シュモラーとドイツ歴史学派

　グスタフ・フォン・シュモラー（1838-1917）は，ドイツの「青年歴史学派」の中心人物であり，制度主義の諸潮流からは正しく評価されないこともあるが，制度主義の主要な源泉である。「国民経済学」（Volkswirtschaft）的アプローチの推進者であるシュモラーは，プロイセン王のような啓蒙君主が主導する社会改革を擁護した。したがってかれはマンチェスター学派の自由主義［イギリスの19世紀自由貿易運動を主導した急進的古典自由主義。その拠点の反穀物法連盟がマンチェスターにあった］にも，社会主義にも，反対した。思想史上でシュモラーが記憶にとどめられているのは，とりわけ方法論争［ドイツ歴史学派とオーストリア学派とのあいだで1880年代に展開された経済学の方法をめぐる論争。ドイツ歴史学派は歴史的経験からの帰納という方法を主張し，オーストリア学派は演繹法を主張した］におけるメンガーとの論争であるが，かれの思想は，その後戯画化され，忘却されることが多かった。

1.1 制度と機関

シュモラーは『政治経済学原理』(1900-1904) において次のように提起する。様々な国民経済と様々な時代についての政治経済学の比較研究は，自然的・技術的な諸条件と並んで，「制度と機関 (organs)」に集中されねばならない，と（この機関という言葉は，組織 organisation の概念に近い）。「機関と制度の研究は，社会体の認識にとって，ちょうど生理的身体にとっての解剖学のようなものである」。価格と流通に集中する旧来の政治経済学は，「社会体の解剖学に先導されない経済的体液の生理学のようなもの」である (Schmoller, 1900, p. 156)。

「政治的・法的・経済的な**制度**によってわれわれが理解するのは，共同体の生活の特定の地点でとらえられた編成であり，それは特定の目的に役立ち，固有の存在と発展に行き着くものであり，何百年，何千年にわたって世代間に受け継がれた行動の枠組みあるいは鋳型として役立つものである」。たとえば，所有，奴隷，農奴，結婚，市場，貨幣，産業の自由といったものがそれである (*ibid.*, p. 149)。それゆえ，制度は，「習慣と道徳ルール，慣習と法といったものの総体で，それは共通の中心あるいは共通の目的をもち，たがいに支え合い，ひとつの体系をなしている」。機関の概念（あるいは有機的構成の概念）は，制度の概念とストレートに結びつく。「構築された機関 (Organbildung) によってわれわれが理解するのは，制度の人格的な側面である。結婚は制度である。

家族は機関（Organ）である。社会的諸機関は特定の目的のために人格と財の結合がまとう恒常的な形式である。人々，家族，社会，同業組合，協会，自治体，企業，国家，これらは社会生活の基本的な機関である」(ibid., p. 150)。

歴史上，最初の機関は，部族，氏族，家族のような共同体の機関である。それらは本来あらゆる目的をふくんでいる。これらの目的は種別化され分離されて，別の社会的諸機関を生み出す。公益を目的とする空間組織（村落・都市・国民国家の諸組織）や利潤を追求する私的企業がそれである。文化が発展するとともに，諸種の機関が拡張する。「たいていの場合は，自然発生的な機関と並んで，意思の介入によって生じる機関があらわれる」[1] (ibid., p. 150)。社会が複雑になればなるほど，「人はますます多くの多様な社会的機関のメンバーになりうる。人は，あるときは恒常的に，あるときは一時的に，またあるときは全面的に，あるときは自己の部分的な利益のために，これらの機関に所属する」(ibid., p. 151)。

諸機関の内部には，支配‐従属の関係か，あるいは同僚仲間の関係が必要である。だが大規模な機関においては，個人の上位にそびえ立つ権威が存在し，この権威は機関の成員が変わったり交代したりしても維持される。そしてこの権威のために機関は高い持続性を保持する。シュモラーは，方法論的な視点から次のように指摘している。「（社会の）総体，社会の秩序，社会の一般的な方向を考察する場合には，個人に劣らず社会的諸機関を考慮に入れなければならない」(ibid., p. 132)，と。

1.2 制度,自由と進歩

シュモラーによると,国家と法に関する様々な科学,ならびに社会と経済に関する様々な科学は,制度と有機的構成［機関］を過大評価するか,あるいは過小評価する傾向をもっていた。重商主義,ドイツ官房学派［17-18世紀にドイツ,オーストリアで発展した重商主義的な経済学・行政学・財政学の体系で,君主中心の富国策を内容とするドイツの重商主義］は,ホッブズのような思想家やフリードリヒ2世［1740-86年在位のプロイセン国王］と同様に,制度,国家,法を特別に重視した。フランス大革命はこのアプローチをくつがえした。自由主義の学説は,国家と国家制度に対して,個人と個人の自由を対置した。だがこの個人主義的自由主義は,時代遅れの制度を拒むことを,持続的な制度をまったく見なくてもよいことだと混同した。たしかに多くの場合,制度に代わって契約が重視されるようになるが,契約と並んで,「新しい有機的構成と社会的制度が大量に生み出された」。この出現は喜ぶべきことである (*ibid.*, p. 155)。また,シュモラーによると,社会主義は,まず自発的な制度と自発的な有機的構成［機関］を過大に評価し,次いで,社会民主主義の教義にもとづき現存の国家とその諸制度を空想的な仕方で拒否した。

シュモラーにとって,望ましい社会状態とは,制度が障害ではなく刺激となるような社会状態である。「そこでは,不変の制度と個人的諸力の自由な作用が,正しい相互性によってたがいに補完しあう。そこでは,制度が活動する自由を理

由もなく妨げず，むしろその逆に望ましい発展方向へと後押しする」(*ibid.*, p. 155)。シュモラーは，結局のところ，制度に関してむしろ肯定的な見解を提起する。「制度は，次のような格言を具体化する客観的な方法である。つまり，実践の諸関係の合理的で正しい処理に関する最良のものを，何世紀にもわたる経験と英知が見いだしたという格言である」(*ibid.*, p. 155)。たしかに，経済の歴史的進歩を特徴づけるのは，経済的財の量がしだいに豊富となることであるが，それでもやはり「その進歩が生ずるのは，制度が改善されること，あるいは有機的構成［機関］がたえず複雑になることによってのみである」(*ibid.*, p. 156)。経済が劇的に進歩する時代とは，制度が改革される時代であり，新しい機関が創造される時代である。近年の例で言えば，同業組合，労働組合，株式会社，企業連合，工場の労働立法，保険組織などがそれである。

1.3 慣習と法

シュモラーにとって，道徳と慣習と法のあいだには本質的な関係がある。慣習とは，習慣や実践に関わる事柄であり，それは道徳感情に媒介されてしきたりに転ずる。それぞれのしきたりを説明してくれるのは，生活慣習の歴史である。「それは多くの理念や多様な原因がたがいに作用しあってもたらされる複合化された帰結である。道徳的判断と感情，物質的な欲求と目的，旧来の作法，宗教的な幻想，虚偽の理念，因果関係の正確な認識，個人と社会にとって有益なものの認

識，これらがすべて協力しあってこの帰結をもたらすのである」(*ibid.*, p. 123)。われわれは，制度の両義性についての似たような命題を米国の制度学派のなかに見いだすであろう。

慣習のルールや生活習慣の重要性は，経済生活にとって本質的なものである。経済生活を理解するために，物質的，技術的，数量的な側面だけに固執する者は，「経済生活の特定の側面を色づけるものを正確に把握することができない」。歴史的には，法（jus）は，それが制定されて以降，慣習（mores）から区別される。法は，法が定め合理化する一定のルールに権力の承認を与える。だが慣習の領域は形式的な法の領域からつねにあふれて，それを越え出る。慣習の領域は形式的な法とは反対に，特定の執行人をもたないにもかかわらず，である。人間的活動のほとんどの領域においては，慣習と法が共存している。婚姻，家族生活，取引関係，経済組織，社会の人間関係，政治生活は，「慣習的実践と法をもっている」(*ibid.*)。慣習の命令を支えているのは世論であり，法の命令を支えているのは国家権力であり，道徳の命令を支えているのは意識である。

一般に，道徳は慣習や法よりも柔軟である。「法と慣習が硬直化する結果，適応能力はつねに時とともに失われていく」(*ibid.*, p. 129)。

米国の制度学派がのちに発展させたいくつかの重要なテーマが，このようにして20世紀初頭にシュモラーに代表されるドイツの青年歴史学派において提起されている。歴史的アプローチと理論的方法とを統合する努力についてもそのこと

が言えるが，とりわけ制度と組織の関係，制度の自生的な形成と意図的な形成との区別，慣習とフォーマルな法の関係，制度は知識を結晶化させるとともに無知を結晶化させるという考えについて，そのことが言える。

2．ヴェブレンの進化論的制度主義

ソースティン・ヴェブレン（1857-1929）は「制度の進化に関する経済学的研究」の中心人物のひとりである。かれは並外れた人物であり，かれの思想の解読には真剣な努力が必要となる。かれは独創性に満ちた，驚くべき力量の作品を残している。

ヴェブレンの主要著作

『有閑階級の理論：制度の進化に関する経済学的研究』 *The Theory of the Leisure Class: An Economic Study in the Evolution of Institutions*, 1899.（高哲男訳，ちくま学芸文庫，1998）

『企業の理論』 *The Theory of Business Enterprise*, 1904.（小原敬士訳，勁草書房，1965）

『製作者本能と産業技術の発展』 *The Instinct of Workmanship, and the State of the Industrial Arts*, 1914.（松尾博訳『ヴェブレン経済的文明論：職人技本能と産業技術の発展』ミネルヴァ書房，1997）

『ドイツ帝国と産業革命』 *Imperial Germany and the Industrial Revolution*, 1915.

『アメリカの高等学術』 *The Higher Learning in America: A Memorandum on the Conduct of Universities by Business Men*, 1918.

> 『近代文明における科学の地位』 *The Place of Science in Modern Civilization and Other Essays*, 1919.
> 『特権階級論』 *The Vested Interests and the Common Man*, 1919.
> 『技術者と価格体制』 *The Engineers and the Price System*, 1921.（小原敬士訳，未来社，1962）
> 『不在所有者制と企業』 *Absentee Ownership and Business Enterprise in Recent Times: The Case of America*, 1923.（橋本勝彦訳『アメリカ資本主義批判』白揚社，1940）

2.1 非「ダーウィン」的諸理論の誤謬

既成の経済諸理論に対するヴェブレンの基本的な批判は，これらの理論が「ダーウィン以前的」な性格をもっている，ということにある。ヴェブレンにとって，ダーウィニズムはたんに生物学的進化の理論であるだけではなく，とりわけ「進化論科学」の一般的モデルをも意味した。それは19世紀末にすでに数多くの学問に影響を及ぼした。ただし経済学は例外であった。

ヴェブレンは「新古典派」という用語の発明者である。この用語によって，かれはとりわけマーシャルの「近代化された古典的諸概念」を特徴づける。ヴェブレンにおいては批判的な内容をもつこの表現は，のちに「新古典派」の論者たち自身によって採用されることになる。ヴェブレンは「経済学」の支配的潮流においてなされた変革と方向転換をけっして無視したわけではなかったけれども，「新古典派」という用語が強調するのは，古典派と19世紀末の諸理論（さらに

は20世紀の諸理論）との連続性である[2]（Veblen, 1899-1900）。かれがイギリスの古典派を批判するのは，それが目的論の側面をもち，進歩の仮説に立ち，効用主義的であり，さらには規範的アプローチと事実の分析を混同している，という点である。古典派の伝統は，とりわけ「分類学的」であり，諸カテゴリーを分類する段階にとどまっている。それはいささかも「発生論的」ではなく，進化論的でもなく，みずからの規範的見解を正当化するために経済の原初的段階をひねり出す。新古典派の論者たちについて言えば，かれらは表面的には進化論に言及するにもかかわらず，経済法則を均衡において考察する発想のために，静態的なアプローチに縛りつけられており，不透明で非目的論的な「累積的因果系列」［複数の要因の間ではたらく相互強化作用を通じて，これらの諸要因の変化が並行的・累積的に進行すること。累積的因果連関ともいう。2.8節参照］の視点に立って思考することを妨げられている。だがヴェブレンによれば，この視点こそが，ダーウィン以降の進化科学の土台なのである。新古典派の論者たちは，経済的諸条件が提起する諸制約に固執して，制度の変化から生じてくる人間の諸活動の累積的な変容や多様化を問わない（Veblen, 1898, *p. 177*）。制度的な諸要因は「与件とみなされるか，否定されるか，あるいはそれらの説明が」学問の外に「投げ出される」（Veblen, 1909, *p. 233*）。注記すべきことは，「経済学」から制度を追放するこの3つの姿勢がここで明確に特定されている，ということである。

　ヴェブレンによる限界効用学派の功利主義（かれはこの学

派を快楽説と呼ぶ）に対する批判は，とくに有名である。功利主義のアプローチでは，人間が「快楽と労苦を閃光のように即座に計算する者」とみなされる。「この計算者は刺激の衝撃を受けて空間を移動するが無傷のままに置かれ，幸福の欲望の均質な血球のように変動する。この計算者には先祖もいなければ，子孫もいない。かれは孤立した究極の人間的与件である。かれはしかじかの方向に移動させる諸力に関するものを除いては安定した均衡状態にある」。かれは生きた過程ではなく，外的な諸力の作用を受けて動く存在である (Veblen, 1898, *p. 73*)。オーストリア学派の根本的な誤謬は，イギリスの経済学者と同様に，「不変の，受動的で，不活性な人間本性」を仮定している，ということである (*ibid.*)。功利主義的で合理的なホモエコノミクスが現代世界の支配的な像になったと仮定したとしても，依然として説明を要するのは，ホモエコノミクスはいかなる進化と選択的適応の過程によってそのような存在になったのか，ということである。

　要するに，ヴェブレンが当時の諸理論に対する批判によって定式化し先取りしたことは，20世紀の経済思想の支配的な潮流に関する，数多くの異端派的再検討である。とりわけ次のような規範的な諸仮説が20世紀の経済思想において果たした暗黙の役割を問題にした。つまり，物理学と力学をモデルとし均衡を中心とする構想と，なによりもまず変化に関心を抱き進化の一般的科学のなかにその着想を見いだす見解との対立関係が問題となった。また合理的計算者に還元され，もっぱら個人的効用の視点だけをもった個人の選好が外生的

で不変のものだということも問題である。そして最後に，現実の経済過程における制度の本質的な役割の無視が問題である。

2.2　マルクスと歴史学派の限界

　ヴェブレンはマルクスの思想から強く影響を受けると同時に，マルクスに対する批判についても頻繁にではないが明確に定式化している。かれはマルクスが階級闘争の理論のなかで合理主義的で功利主義的な視点を保持した，と批判する。マルクスにおいては，諸階級がそれぞれの固有な利害にしたがって合理的な仕方で行動すると考えられている（Veblen, 1906-1907, *p. 441*）。だがダーウィンのアプローチからすると，労働者階級の利害が，労働者階級を資本家階級に対立するよう導くという保証はまったくない。その逆に，労働者は「みずからの雇主に従属するような教育を受けることによって」（言い換えれば，思考の習慣の結果として），従属と不平等な分配をともなう既存のシステムを公正で優れたシステムとして受け入れるようにさせられる。さらにヴェブレンは，個人がもっぱら社会的存在であるというマルクスの命題に反対する。この命題では個人が社会的法則の媒介者にすぎないものとなる，と。要するに，かれはマルクス主義の歴史概念において，とりわけ資本主義の概念において新ヘーゲル主義的な目的論が作用していることを強調する。そしてそれをロマン主義的，およびダーウィン以前的，と呼ぶ。

ヴェブレンは同じくドイツ歴史学派の記述的アプローチを批判する。このアプローチは諸データを列挙し，産業発展のたんなる物語を書くだけであって，真の経済理論を提供していない，と（Veblen, 1898, *p. 58*）。皮肉なことに，この批判は，のちに制度学派自身が拒絶される理由として唱えられるものである。だがヴェブレンにとって，この批判が当てはまるのはとりわけ「旧歴史学派」である。これに対して，シュモラーの研究は，「発生論的」性格をもったダーウィンの理論的・進化論的な制度主義に積極的に近づいている。それはもはやヘーゲル的であるとは言えない。だがシュモラーの限界は，理論的考察と，社会改革への関心とのあいだの区別が不十分であることに由来している（Veblen, 1901 a)[3]。とはいえ，シュモラーと青年歴史学派がヴェブレンの思想に，さらにより一般的には米国の制度学派の思想に，及ぼした影響は大である。

2.3　経済の進化論的科学のために

　ヴェブレンは，のちに米国の制度学派をかたちづくる重要な特徴のひとつを，明示的に述べた。それは，制度にあたえられた中心的な位置と，なによりもまず経済変化の過程を考察する進化論的アプローチとの結びつきである。かれは「思考の習慣」という概念をアメリカのプラグマティズムの哲学（ジェームズ，デューイ）から借用し，この概念によって制度を定義している。また，一般的理論と一般的方法論として

解釈されたダーウィニズムにもとづいて、かれはとりわけスペンサー［Spencer, Herbert, 1820-1903, 万物の有機的進歩を進化の法則としてとらえた社会進化論を唱えたイギリスの哲学者］の影響を受けて「進化」という非目的論的カテゴリーを採用した。

だからヴェブレンはこの19世紀末において、経済学は、いまだ進化論的科学になっていないと強調したのである。進化論的科学とは、言い換えれば、累積的因果連関 (cumulative causation)[4] にもとづく理論であり、究極目的や最終地点をもたず起源ももたない連続的な過程あるいは連続的な展開を考察する理論である。その逆に、（自然）法、均衡、攪乱要因といった伝統的諸概念は、諸物のあいだの正常な関係に関する「経済的分類学の体系」へとゆきつく (Veblen, 1898, *p.* 67)。

進化論的経済理論は、経済活動を対象としなければならない。たしかに個人的生活は「目的論的な仕方で展開される活動」、言い換えれば目標を定めた活動を意味するが、この活動は不変のものではない。個人の経済活動は、「累積的な仕方で変化する目的に手段を適応させる累積的な過程である。目的は過程が追求されるにつれて変化し、当事者も、当事者の環境も、つねにこの過程がもたらす結果である」(*ibid., p.* 75)。あらかじめ定められた究極目的へと向かう「正統な傾向」が存在しうるという発想、言い換えれば古典派および新古典派経済学の規範的な目的論的アプローチは、進化論の思想とは正反対のものである。進化論は「過程それ自身のタームで定式化された経済的制度の累積的な連鎖の理論」だからである (*ibid., p.* 77)。われわれに言わせれば、制度の変化は、

長期の経済変動にとって内生的なものなのである。

　ヴェブレンによれば，近代科学の「発生論的方法」は，「発展の諸力と連続性」をとりあつかい，「成果がいかにして，なぜ，実現されるのかを見いだすことによってその成果を理解しようとする。目的は社会の諸現象を理論的構造の内部において因果関係のタームで組織することである」(*Review of Pure Sociology*, 1903. Hodgson（2004）による引用，p. 152）。

2.4　制度の本性と起源

　一般に社会は，とくに経済は，制度の進化の総体である。それゆえヴェブレンが構築しようとした進化論的経済学は，制度に的を絞る。制度は社会的共同体における**支配的な思考・行動習慣**である[5]。これらの習慣の本質的性格は，社会的進化に対して相対的に大きな慣性［外力が働かない限り状態が変わらないという性質］をもつ点である。制度は過去において形成され，過去から受け継がれる。「それは過程が進展して過去の諸条件に適応した産物である。したがって制度は現在の要請に完全には適応しない」（Veblen, 1899, p. 126, 邦訳 p. 215）。とはいえ，制度はそれ自身が生活の慣習的行動から生じてくる。「だが思考の習慣は生活の習慣から生じてくる。日常生活の規律は，個人の教育を意図的に方向づけるものであろうとなかろうと，人々の生活の枠組において受け継がれた制度を修正したり強化したりする効果をもつ」（Veblen, 1901 b, p. 121）。

2.5 本能と習慣的行動

　制度の形成，つまり思考の習慣の形成は，進化の様々な水準のあいだの，また様々な時間規定のあいだの，複合的な相互作用の結果である。もっとも根本的な水準は本能の水準，つまり受け継がれた［遺伝の］性向である。**本能**は人間の生物学的・社会的な長期の歴史を通して選択されてきた[6]。ヴェブレンによれば，これらの本能は分岐して，一方は相互に依存しあう好ましい諸性向をもち，社会の利益になるように作用するが (serviceability)，他方は，同じくたがいに結びあう有害で不確かな諸性向をもち，集団の利益に逆らって進む。本能のこれら2つの集合は，歴史的な図式にしたがって，相互に影響を及ぼしあうか，あるいは相互に「悪影響を及ぼしあう」。

　進化の第1の水準［本能の水準］では，中心的な対立が，製作者本能と略奪本能とのあいだにある。進化の第2の水準は，**習慣的行動**の水準であり，特定の歴史的・物質的な状況において，とりわけ技術的な状況において形成される思考と行動の仕方である。習慣的行動は本能的性向を表現すると同時にそれを修正するであろう。習慣的行動は制度の土台をなす。制度は進化の第3の水準とみなすことができる。だから「人間生活の習慣的行動の諸要因は，たえず，累積的なしかたで，変化する。それらはたえず増殖する制度の発展を生み出す。制度的構造の変化が恒常的に生み出されるのは，文化的諸条件の枠組みが変化するなかで生活の規律が変更され，

これに制度的構造が反応するためである。だが人間の本性は，本質的には同一のままである。」(Veblen, 1914, p. 12)

ヴェブレンの本能

ヴェブレンが用いる諸種の用語は多様な訳語を生み出している。それらのうちで際立ったものを見てみよう［〈　〉内は本書で採用した訳語である。高哲男訳『有閑階級の理論』ちくま学芸文庫を参考にした］。

集団にとって有益な本能
Instinct of workmanship 〈製作者本能〉，労働者本能，職人本能，熟練労働本能，効率的労働本能
Parental bent 〈親性性向〉，人類に対する親身の配慮，集団精神，共同体の感覚，社会的共感の本能，群集本能
Idle curiosity　無私無欲の，無償の，非効用的な，好奇心

集団にとって有害な本能
Predatory instinct 〈略奪本能〉
Propensity for emulation, invidious emulation 〈競争の性向〉，敵対本能，スポーツの闘争本能，序列化による人を比べて中傷する性向
Self-regarding instinct 〈自己考慮型の本能〉

2.6 ヴェブレンの二項対立論と二元論

　ヴェブレンの解説者たちは，たいていの場合，本能が技術と制度とのあいだで演ずる際立った相互作用を，**二項対立論**と呼んでいる。技術は，その源泉を効率的な労働と無私無欲の好奇心への性向に置き，変化しやすく，動態的なものである。制度は，技術よりも慣性が大きく，変化への抵抗力が強い。この発想は，マルクスにおける生産諸力と生産諸関係のあいだの弁証法を想起させる。だがいくつかの重大なちがいがある。マルクスにとって，歴史は，生産諸力と生産諸関係とが照応する時期と対立する時期との相次ぐ交代である。それはシステムの動態に相反する結果となることもある。また，生産諸力は技術よりも広い概念で，自然の諸条件，労働者の能力，生産組織などをふくんでいる。生産諸関係は制度との類似性を帯びた概念であるが，あきらかに生産的領域に限定されている。米国制度学派の何人か，とりわけエアーズ [Ayres, Clarence Edwin, 1891-1972, アメリカの制度派経済学者] は，のちにヴェブレンの二項対立論をうち固めて，活動の技術的な側面と「儀礼的な」側面との対立へと普遍化した。

　だがヴェブレンの理論には，二元的対立も数多くある。この二元的対立の究極の土台は，諸本能の対抗にある。すでに述べたように，本能は２つの敵対的な集団に属している。とりわけ製作者本能は，略奪本能に対立する。この２つの基本的な性向が，様々な制度的・歴史的な状況において，たえず，だが多様な形で，表現される。ヴェブレンは継起的な進化の

諸段階の図式においてこれらの制度的・歴史的な状況を要約している[7]。**原始的未開の段階**においては，製作者本能が簡略な技術によって促される。というのも，生存の必要性が選択の作用を通して生産的な努力を強めるからである。技術が進化して剰余が出現しうるようになると，やがて略奪が優位を占める**野蛮の段階**に入る。「**半平和愛好的な」職人的生産段階**である後期段階は，職人間の自由競争によって特徴づけられるが，この段階では，略奪の傾向が衰退し，製作者本能が刷新される。最後に，近代資本主義に照応する**機械の時代**においては，熟練労働への性向に対して略奪がふたたび優勢になる。だが制度の進化が非目的論的な性格をもち，かつ自然法則あるいは規範的な法則が引き続き不在であるために，ヴェブレンは本能のこの対抗が最終的にどのような傾向に向かうかについて予測することをみずからに禁じている（Veblen, 1899, 1914）。

多様な二元論の作用が頂点に達するのは，資本主義に典型的な，産業とビジネスとの対立においてである。ヴェブレンは資本主義を，大規模機械産業にもとづくシステム，利潤のための投資にもとづくビジネスの原理につき動かされるシステムとして特徴づける。そこでは，産業の要因と金銭的な要因（あるいはビジネスの要因）との対立が発展する。前者は物質的サービスあるいは「実用性（serviceability）」へと向けられた実践的過程の方向に照応しており，後者は交換価値を究極目的とする。金銭衝動が見いだされる金銭的な次元は，製作者本能がなによりもまず表明される産業の活動とは相対

立する。

　だから「経済構造を形成する」資本主義の諸制度は,「制度が獲得のカテゴリーと生産のカテゴリーという,経済生活の2つのたがいに対立する目的のいずれに役立つかに応じて」,配列される。それは「金銭的な制度と産業的な制度」であり,「競争心にもとづく経済的利益に役立つ制度と,競争心にもとづかない経済的利益に奉仕する制度である。前者のカテゴリーはビジネスと関係をもっており,後者は産業と関係をもっている」(Veblen, 1899, pp. 136-137, 邦訳 p. 232)。

　だが,機械化が生み出す実用主義的な習慣的行動と規律（それはとりわけ労働者と技師において顕著であるが）は,因果関係の発想を発展させ,自然法則にもとづく伝統的な視点と対立するから,社会主義化の傾向を刺激し,私的所有を旧式の制度として問題視して脅かす (Veblen, 1904, 1921)。

2.7　制度の進化

　それゆえヴェブレンは,本質的に動態的な技術と,本能および習慣的行動とのあいだの相互作用を主張する。そしてこの相互作用が制度の進化と選択を基礎づける。かれは19世紀の直線的な進歩主義的進化論とは区別される。というのも,ヴェブレンは制度的慣性と,旧来の諸特性の保持を強調するからであり,さらにはより先進的な社会の技術を借用する可能性や進化のいくつかの諸段階を飛び越える可能性を強調するからである（ドイツ帝国に関する著書や日本に関する記述

がそうである)。とりわけ,かれはあらゆる目的論を拒否するということによって,進歩主義的進化論とは区別される。

経済生活の諸要請は,とりわけめまぐるしい技術変化が要求する「規律」の作用を受けて,次のようにたえず変化する。思考と行動の習慣が形成され,諸種の社会的合意がたがいに相互作用しあいたがいに強化しあう。そしてそれらの社会的合意が社会生活の様々な領域に押し広げられ,法に組み入れられ,一定の持続性と慣性を獲得する。これらの制度は「習慣的行動の拡張」を意味している。「文化の成長は習慣化の累積的な連続である。文化が借用する諸種の方法と手段は,永続的,累積的に変化する諸要請に対する習慣的行動の反応である」(Veblen, 1909, *p. 241*)[8]。

制度の立ち遅れのために次のようなことが起きる。「人々が絶望的に不安定な制度的状況から脱して本能的な鋭い洞察力によってみずからの存在を救うことに成功した事例よりも,生活と文化に関する愚かな制度が勝利を収めた事例のほうがはるかに多く,頻繁に,顕著に見られることを歴史は証明している」(Veblen, 1914, p. 16)。ヴェブレンが提起するのは,制度に関する本来的に懐疑的で批判的な見解である。だがかれは同時に,制度が経済と社会において本質的な役割を果たしていることを強調する。

2.8 累積的因果連関

累積的因果連関の概念は,ヴェブレンの進化論的制度主義

における核心である。この概念は，時間の不可逆性と連続的転換の累積的な性格によって特徴づけられる変化の連続的アプローチを意味している。20世紀末に進化経済学者が展開した**制度的軌道**［制度変化の時間的経路］，あるいは**進化の経路依存性**［ある時点以降の発展経路がそれ以前の発展経路の影響を受けること，初期状態によってのちの発展経路が決まってしまうこと］という諸概念は，ヴェブレンの概念の拡張あるいは再発見とみなすことができる。自己強化［システム内部で正または負のフィードバックが作用すること］あるいは収穫逓増［投入を増加させたとき，その増加率以上に産出が増加すること］という補足的な概念についても，同様のことが言える。ヴェブレンのアプローチはあきらかに（エドガー・モランの『方法』の表現を借りるならば）**再帰的因果関係**に照応するものだからである。再帰的因果関係は，因果関係の単線的で決定論的な発想（原因→結果）とは異なり，原因に対する結果の反作用によって定義されうる。

$$原因 \longrightarrow 結果$$
$$\uparrow\underline{\qquad\qquad\qquad}|$$

このような因果関係の形式があらわれるのは，制度が（上記のように）進化の対象であるだけでなく選択の要因でもあるという命題においてである。この命題を個人と制度との関係に適用することによって，ヴェブレンは方法論的個人主義と方法論的ホーリズム（あるいは集団主義）の双方からみず

からを区別するようになる。制度は個人の行動から生ずる。だが今度は制度が個人の行動を条件づける。その結果，個人だけに立脚する方法論的還元主義も，制度だけに立脚する方法論的還元主義も，ともに拒否されねばならなくなる。「制度的枠組みの成長と変質が生じてくるのは，集団の個々の成員の行動からである。というのも，制度が生じてくるのは，習慣化を通した諸個人の経験からだからである。だが，制度はこの同じ個人の経験に対して働きかけ，個人の行動の目標と究極目的を導き定義するのである」(Veblen, 1909, *p. 243*)。科学的探求は「ここでは個人の行動を取り扱わなければならない。それはその理論的成果を個人的行動のタームで表現しなければならない」(*ibid.*)。個人的行動の分析においては，心理学的メカニズムが考慮に入れられなければならない。だが心理学的メカニズムは制度の働きと結びついている。「今日の事態は，選択的で強制的な過程を通して，人間の習慣的なものの見方に作用を及ぼすことによって，明日の制度をかたちづくる。こうして過去から受け継がれたものの見方や精神態度を修正したり強化したりする」(Veblen, 1899, p. 126, 邦訳 pp. 214-215)。ホジソンが強調しているように，ヴェブレンにおいて，個人の「選好」は，個人的行動の説明不可能かつ外部的な，結局，神秘的な与件ではなく，制度の進化的役割を通じて内生化されている (Hodgson, 2004)。

2.9 制度の進化論的選択

　ヴェブレンはダーウィンの進化概念をたんにくりかえしているだけではない。かれはダーウィンから自然選択の概念を借用し，それを生物学から制度へと転移する。「社会構造の進化は，制度の自然選択の過程であった。（中略）制度それ自身は，たんに普及し，支配的なタイプになっている精神態度や習性を形成する選択的で適応的な過程の結果であるだけではない。制度は同時に人間生活と人間関係の特定の体系であり，それゆえに，制度が今度は選択をもたらす要因となる」(Veblen, 1899, p. 125, 邦訳 p. 212)。「自然選択」のこの特異な過程，言い換えれば無意識的で非目的論的な選択的区分けの過程は，「より適切な選択」（これはスペンサーが導入した概念である）ではまったくない。言い換えれば，この過程は，最適な制度をもたらすわけではまったくない。というのも，制度的慣性のために，生活の必要性がめまぐるしく急速に変化する状況に対して制度の選択的適応がたえずずれるようになるからである。ヴェブレンの見解は，制度一般に対して多くの場合批判的であり，懐疑的である。とりわけ「有閑階級」のような「愚かな制度」について，そう言える。だからかれの見解は社会的ダーウィニズム［ダーウィンの進化論とくに自然選択，適者生存という概念を人間社会の説明に流用した理論であり，ナチズムや優生学にも影響をあたえた］の命題とは対照的である。社会的ダーウィニズムが19世紀末に提起したのは，（社会的な）選択を完全化あるいは最適化をもたらす絶

対的な過程として解釈することであった。このような解釈はダーウィン自身の構想とも無縁である。

　制度は選択過程の対象でもあるが，それはまた別の水準では選択の要因でもある。制度がもつこの二重の性格は，個人そのものの変化（すなわち適応）に及ぼす制度の影響を説明してくれる。「変化する制度は，次の機会に最適な気質に恵まれた諸個人をさらに選び出すのに役立つだけでなく，新しい制度の形成を通じて，個人の気質や習慣を，変化しつつある環境によりいっそう適応させるのにも役立つのである」(Veblen, 1899, p. 125, 邦訳 p. 212)。それゆえ，そこに見られるのは，社会環境の変化と制度の形成および選択の複合的な共進化［異種のものが関係しあいながらともに進化する現象］と相互決定である。それを制度の「弁証法」と呼ぶこともできよう。もっともヴェブレン自身はこの表現をヘーゲル的であるとして拒絶するかもしれないが。この弁証法は，人間本能のより深い水準と相互作用しながら展開する。つまり対立に満ちてはいるが歴史的な規模においてより安定した水準と，相互作用する。

3．ハミルトン：制度派経済学

　ウォルトン・ハミルトン（1881-1958）は，ヴェブレンの影響を受けた経済学者で，米国で戦間期に制度派経済学を擁護した中心人物である。かれの教育は，制度派経済学の普及に大いに貢献した。かれの学生の多くがニューディール期や

第2次大戦後に，国連やILOで多大な役割を果たした。

3.1 制度派経済学のために

ハミルトンはアメリカ経済学会の1918年の年次総会での報告において，主としてキャナン，ヴェブレン，ミッチェル，ホブソンを引用しながら，制度派経済学という表現をはじめて使用した（Hamilton, 1919）。かれはアダム・スミス以来の支配的潮流を代表する主流派経済学にこの制度派経済学のアプローチを対置する。制度派経済学は，「新古典派経済学」よりも，いくつかの決定的な論点において将来性のある理論であることがわかる。制度派経済学は経済学を統一することができる。というのも，この経済学は経済組織を一般的な条件で記述することによって，「貨幣，保険，企業金融のような個々の事柄が存在する産業世界の様態を解明する」からである。つまり制度派経済学は，これらの個々の事柄がより広い総体のなかで果たす役割を強調することによって，これらの事柄の本性をあきらかにする。制度派経済学は「コントロールという近代的な問題」に応える。それは，制度が自然現象というよりもむしろ変革可能な社会編制であることをあきらかにするからである。制度派経済学はまた，意識的に見える活動が慣行や思考の慣習によってコントロールされていることを強調するからである[9]。経済理論の真の対象，それは制度である，制度派経済学はこれを強調する。制度派経済学が強調するのは**過程**であって，均衡ではない。競争，所有，価

格メカニズムといった制度は,「他の制度との関係における変化によって,また制度内部の微妙な変化によって」,発展の過程においてとらえられる。要するに,制度派経済学は人間行動に関する説得的な理論にもとづいている。つまりこの経済学は,新古典派経済学の合理主義的な個人主義や戯画化された功利主義に代わって,刺激や本能が果たす役割をとりわけ強調する近代の社会心理学を参照している。制度派経済学は,個人の行動における差異の主要な源泉を制度的状況の多様性のなかに求めるのである。

　ハミルトンにとって,制度派経済学は,それ自身が発展の過程においてとらえられている。この経済学は,古典派,新古典派,オーストリア学派,社会主義派の重要な貢献と対立するのではなく,それらの諸学派を,時代の諸問題に適応する経済秩序の理論のなかに組み込もうとするのである(Hamilton, 1919)。

3.2　社会的慣例と習慣的行動

　ハミルトンは『社会科学の百科全書』という包括的論文のなかで,ヴェブレンの発想を受けて,制度の概念の見事な定式化をおこなっている。制度とは「社会的慣例の総和」である。制度は「かなりの頻度で恒常的に思考し行動する仕方」を指し,この思考と行動の仕方は「集団の習慣的行動や人々の慣習に組み込まれている」(Hamilton, 1932, p. 84)。制度は,手続き,慣行,取り決め,生活慣習と同義である。「制度は

人間の諸活動に限界を定め，それらに形式をあたえる」。文化とは多様な制度の総和を意味し，それぞれの制度は行動の類型を定め，ひとつの活動やそれを補完する諸活動にとっての許容範囲を定める。ハミルトンがとりあげる制度の事例からすると，この概念はかなり広い意味をもつことがわかる。かれが引用するのは，コモン・ロー［判例の積み重ねによって形成された慣習法のことで，英米の法体系の基礎をなしている］，高等教育，文芸批評，運動競技，（制裁をともなったり禁忌を課したりする）道徳規範のようなインフォーマルな慣習の総和であり，さらには政府，教会，大学，企業，労働組合などの，指令を発し，罰則を加え，成員に権威を行使するようなフォーマルな組織である。かれは同様に，貨幣経済，学校教育，チェーンストア，宗教原理主義，民主主義，ならびに物々交換，埋葬，信仰，絶食，勤労生活，結婚をも制度と考える。

　ヴェブレンが制度に対して本質的に批判的な解釈へと向かったのに対して，ハミルトンは，制度の慣性をテーマにとりあげ，制度がそれを生じさせた問題の後まで生き延びて，制度が元来果たした役割とはまったく違った役割を果たしうるということを主張することによって，制度が本質的に両義的なものであるという考えを発展させる。実際，制度は「人々の知識と無知を，希望と恐れを」合体している (*ibid.*, p. 84)。制度は文化と状況の変化に適応する傾向にある。「制度の生命はその適応能力いかんにかかっている。だがめくるめく変化のなかで，無秩序の諸要因がつねにたちあらわれる。たが

いに異なった合議のあいだで調和がうちたてられるよりもずっと以前に，崩壊がすでに始まっている」(*ibid.*, p. 86)。同様に，制度を異なった社会に移植することは，必然的に制度の変容をともなう。「制度の中核はその文化的母体から解き放たれ，制度が導入されていく諸種の慣例の性格をとりいれる」(*ibid.*, p. 86)。

3.3　制度の転換

　制度が生じてくるのは，多くの場合，偶発的で，局地的な，目先の状況からであるが，その制度がきわめて広い射程をもった持続的な意味を獲得することがありうる。たとえば穀物法の廃止は，この法律を生み出した特殊な状況から区別されて，自由貿易の一般的な政策となる。キリスト教の聖書が歴史上その解釈をつぎつぎと変えてきたことに示されるように，古いルールが新しい慣例のために転換させられる。このような制度の「転換」は，完全な激変を引き起こすことさえありうる。たとえば，「苦行者の共同体が豊かな修道院の設立へと変ずる。君主制を正当化するために練り上げられた社会契約論が，君主制を転覆するための武器に転換させられる。個人的自由に捧げられた党が，権力の富の擁護者に変身する。思想を解放するという視点から発展させられた哲学が生き延びて，思想を隷属させるものとなる」(*ibid.*, p. 86)。実際のところ，制度は逸脱する傾向をもつ。制度を特徴づけるのは，その制度を本来推進した最初の意図から逸脱するという性向

I 制度主義の元祖　33

である。

　制度の逸脱は，まさに逆説的なことに慣性と結びついている。インフォーマルな制度は習慣的行動，理念，既得権益を生み，この制度を強化する。制度がフォーマルなものになると，その組織とメンバーはその秘教的性格，形式的合法主義，儀礼主義を発展させ，これらの性格を物神化する。制度は当初は「社会的問題に対する対応」を意味するとはいえ，諸種の利害と妥協がやがては制度を硬直化させる。その結果，制度が置き換えられるのは，ただ革命によるか，消滅することによってのみとなる。ハミルトンは同様に次の事実も主張する。制度はそれを正当化するための議論を引き起こす傾向にあり，この議論は理性に属するよりもむしろ合理化に属するものである，と。「資本主義と呼ばれるこの錯綜した事態は，けっして設計に従って創造されたり，型どおりに裁断されたわけではない。だがいまやこの事態は，現代の神学者によって知性化され，一般的な福祉を意図的・自己調整的に実現する手段となってここにある」(*ibid.*, p. 87)。

　生きものとしての制度は，複合的な性格をもっている。制度は設計の名残りをふくむと同時に，偶発的な出来事もふくんでいる。それはまた多様な時代や多様な社会や多様な文明における諸種の理念や慣習の痕跡をふくんでいる。制度の意義を理解するためには，発生論的方法（制度的アプローチ）を援用しなければならない。それでもこの方法は，制度が存在するようになった経緯をすべて探究しつくすことはできない。

3.4　制度の両義性

　ハミルトンの結論が強調しているのは，制度が複雑な性格あるいは矛盾した性格を有している，ということである。制度は「発展する文化の内部で，ある目的への指令および方向づけを不完全な形で担うものである。」「意図と偶然とがたがいに共同して制度の創出に寄与する。制度は人間の諸活動にみずからの図式をおしつけ，かつ予期せぬ出来事の展開に対してみずからの制約を課する。制度の独自性はそれがたえず再定義されることにある。この再定義をおこなうのは，理念がそのときどきの状況に加える衝撃であり，ときどきの状況が理念にもたらす反動である。制度が社会経済において果たす役割は，けっして正確には定められない。制度の役割は，社会経済そのものの存立の維持によって，社会経済のメンバーの諸利害によって，あるいは制度が時間の偶発的な進行にともなって異なった目標に逸脱することによって，変更される。制度は人間のあらゆる創造物がそうであるように，権力のコントロールを目的としながら，その権力に従属することがありうる」。制度は道具であると同時に，脅威であり，リスクである。「制度の通り道には，秩序と無秩序が，計画の成就が，予見不可能性と欲求不満が，入り込んでくる」。要するに，「制度と人間の諸活動とは，たがいに補完しあうと同時に対立しあっており，社会的過程の終わりなきドラマのなかでたえずたがいに作り直される」(*ibid.*, p. 89)。

　制度は中心をもつと同時に曖昧性も有しており，このこと

は秩序と無秩序の要因である。制度は知識と無知を合体しており，歴史的に逸脱したり，転換したり，その起源を忘却する傾向をもつ。ウォルトン・ハミルトンが力をこめて説いた制度主義の命題とはそのようなものである。

4．コモンズ：組織と制度

　ジョン・ロジャーズ・コモンズ (1862-1945) は，ヴェブレンに次ぐ米国の制度学派の第2の偉才である (Bazzoli, 1999)。この2人には，とりわけ経済における制度の決定的な重要性について共通のテーマと概念が存在するが，両者のアプローチは多くの点で著しく異なっている。

コモンズの主要著作

『富の分配』 *The Distribution of Wealth*, 1893.
『比例代表』 *Proportional Representation*, 1896.
『労働組合主義と労働問題』 *Trade Unionism and Labor Problems*, 1905.
『アメリカの人種と移民』 *Races and Immigrants in America*, 1907.
『アメリカ産業社会史』 J. R. Commons et al., eds., *A Documentary History of American Industrial Society*, 10 vol., 1910-1911.
『アメリカ労働史』 J. R. Commons et al., eds., *History of Labour in the United States*, 4 vol., 1918-35.
『産業平和』 *Industrial Goodwill*, 1919.
『産業統制』 *Industrial Government*, 1921.
『資本主義の法律的基礎』 *Legal Foundations of Capitalism*, 1924. (新田隆信ほか訳，コロナ社，1964)

> 『制度経済学』 Institutional Economics — Its Place in Political Economy, 1934.
> 『集団行動の経済学』 The Economics of Collective Action, 1950. (春日井薫・春日井敬訳，文雅堂書店，1958)

　ヴェブレンは制度の批判的な分析家であり，実務的な配慮が科学を妨げることがあってはならない，と主張したが，コモンズは制度をもっと積極的にとらえて，社会改革の諸問題に直接関心を抱き，かれの活動の大半をそれに捧げた。ヴェブレンが理論に規範的な基準をもちこむことに原則として反対したのに対して，コモンズは「理性に適う資本主義」を探究した。ヴェブレンは既得権益のみを主張する経営者団体や労働組合の集団的行動を非難したが，コモンズはその逆にこれらの集団的行動を推進しそれを制度化しようとした。ヴェブレンが累積的因果連関や非目的論的進化といったダーウィン的着想の諸概念にもとづく経済の進化主義科学を擁護したのに対して，コモンズは法学，経済学，倫理学を結合した理論を推奨して，制度の進化の一般的な見解を主張することはなかった。コモンズは，過去の諸経済学派の不完全ではあるが「洞察力を備えた見解」と，19世紀末および20世紀初頭の米国資本主義における制度的な革新にもとづく理論化とを結合することによって，制度経済学を発展させようとした。かれの歩みはまた，コモン・ロー裁判所［州裁判所］および合衆国最高裁の裁判官と判事がこの制度的な革新に対して下した法的な解釈に支えられていた。

4.1 経済諸理論の限界

　コモンズの主著『制度経済学』では，経済思想の歴史が重要な位置を占めている。とはいえ，彼のアプローチはかなり奇抜なものであり，ときに人を面食らわせるものである。ヴェブレンが古典派と新古典派の伝統に逆らったのに対して，コモンズはむしろ先行の多様な諸潮流の限界を，つまりそれらの諸潮流の不完全でまったく時代遅れの性格を強調すると同時に，それらの諸潮流を再解釈することによって制度経済学に組み入れようとする。先行の経済諸理論は制度の諸問題を軽視したことに加えて，次のような2つの重大な欠陥を帯びている。これらの経済諸理論は，希少性の普遍的な存在と希少性から生じてくる紛争の普遍的存在を見る代わりに，自然が豊富であること，およびその結果として諸利害が調和されるという仮説に立脚している。そのために，アダム・スミスは見えざる手によって諸利害が自然発生的に両立しうるものとなる，と信じたのである。だが現実には，良き習慣的行動を意識的に選択し，それをためらう諸個人にこの習慣的行動を押しつけているのは，まさしく「コモン・ロー裁判所という見える手」なのである。だからスミスが理解しなかったことは，諸利害の両立性が，諸利害の紛争に介入する「集団的行為の歴史的産物」だ，ということである (Commons, 1934, p. 162)。他方で，経済の諸理論は，制度の役割に代わって心理学を用いる傾向があった。この心理学は，人間と物との関係に的を絞り，所有を介した人間相互の関係を無視した。心

理学は個人的な性格をもっているが，これに対して本当に重要なのは，「紛争から生じてくる交渉と取引の社会的心理学」（*ibid.*, p. 440）である。そのために，物的な生産物と，所有と結びついた所得の諸カテゴリーとが混同されたのである。

コモンズによれば，均衡の理論はニュートンの運動法則をモデルとしている。均衡の理論は社会メカニズムに意図を付与するという擬人法による処理をおこなう。そのためにこのメカニズムでは諸利害は調和へと向かう。ヴェブレンによる過程の理論は，意図的でない転換から生ずる変化と進化に関心を抱く。この理論はダーウィンの自然選択から着想を得ている。これに対して，コモンズが支持した制度の理論，あるいはゴーイング・コンサーン理論［ゴーイング・コンサーンとは継続的な事業・活動体のことであり，コモンズは多数の異質なゴーイング・コンサーンの集合体として経済社会をとらえる］は，均衡の理論と過程の理論とに同時に支えられている。コモンズの理論は，意図された変化に関心を抱く。この理論の関心は自動的な均衡ではなく，管理され指導された均衡である。この理論が唱えるのは，活動ルールの「人為的な選択」であり，それは「社会のコントロール」を中心とする諸問題に関わっている（*ibid.*, pp. 120-121）[10]。

4.2 制度化された精神

コモンズの構想においては，個人が重要な位置を占める。ただし個人は「制度化された精神」としてとらえられなけれ

ばならない。「個人はまず赤ん坊である。個人は言語の慣習を，他の諸個人と協力するという慣習を，共通の目的のために活動するという慣習を，利害紛争をなくすために交渉するという慣習を，みずからがその成員である数多くの組織の活動規則に従うという慣習を，それぞれ学ぶ」。諸個人は，快楽と労苦につき動かされた「欲望の血球」としてではなく，「多かれ少なかれ慣習によって準備され，習慣の圧力によって推進され，集団的人間的な意志が創出する，すぐれて人為的な取引に関わるものとして」(*ibid.*, pp. 73-74) たがいに出会うのである。

諸個人が多様な組織に属していることを，コモンズは強調する。次のことは指摘しておくべきだろう。20世紀後半にコモンズに対して明白な恩義があることを表明する数少ない米国の有力な経済学者のひとりであるハーバート・サイモンが，現代の資本主義を特徴づけるために，新制度派経済学に逆らって，「市場の経済」よりも適切なものとして「組織の経済」という定式を主張した (Simon, 1991)。コモンズによると，「自然状態には孤立した個人がいるのではなく，個人はつねに取引の参加者であり，組織の成員であって，個人は組織に出入りする存在である。また個人は制度の市民であって，制度は個人に先立って存在し，個人よりもあとまで存続するのである」(Commons, 1934, p. XVI)。

4.3 活動的組織

コモンズにとって，活動ルールを備えた活動的組織あるいはゴーイング・コンサーンは，進化した資本主義を特徴づけるものである。組織は数多くあり，あらゆる種類の組織があるが，主として3つの主要なカテゴリーに属している。経済的カテゴリー，政治的カテゴリー，文化的カテゴリーがそれである。個人は同時に多様な組織の成員である。組織は制度の別名である。経済も，社会も，（家族のような最小の組織から国家のような最大規模の包括的な組織にいたるまでの）諸組織の複雑な集合を意味する。活動的組織は，あきらかな差異を越えて，次のような共通の特徴をもっている。組織は継続するもの（組織は個人の加入・脱退よりも長く生き延びる）であり，主権あるいは自立した権力であり，正統な権威であり，活動ルールであり，制裁であり，取引である。だが組織の一般的モデルは，実際にはコモンズが組織のなかの最大のものに，つまりすべての組織の上部にそびえたつ組織である国家にあたえた解釈に立脚している。この点に関して指摘しておくべきことは，コモンズも大多数の資本主義論と同様に，事実上資本主義を国民的枠組みにおいて構想した，ということである。ただし，かれがうちたてた理論は，あきらかにアメリカ資本主義にもとづいている。つまりコモンズは，資本主義の多様な国民的諸形態というテーマにはまったく手をつけていない。

あらゆるゴーイング・コンサーンは，国家と同様に，主権

を保持する正統な「権威の形象」をもっている。この形象は，とりわけ組織の活動ルールを定め承認するという役割をもつ。組織の活動ルールは，主としてコモン・ローの方式に従ってうちたてられる。それは未組織のルールが紛争に際して，人為的に選択され，事実上組織されたルール（あるいは集団的行為）になることによってうちたてられる。だからコモンズが一般化したのは，コモン・ローの法的モデルである。かれは，前述したように，組織の成員を組織の「市民」と呼ぶ。国家（20世紀初頭の米国の民主主義国家）は，いわばあらゆる活動的組織の一般的モデルとなる。

4.4 ワーキング・ルール［実際的なルール］

コモンズの『制度経済学』においては，慣習は重要な役割を果たす。慣習は未組織の集団的行為（われわれはまたそれをインフォーマルなルールと呼ぶこともできる）を意味する。慣習は組織された集団的行為よりもさらに普遍的なものである。コモンズに言わせれば，メイン［Maine, Henry James Sumner, 1822-1888, 古代法を専門とするイギリスの法学者］のように慣習が歴史的に契約にとって代わられたと考えるのは誤りである。現実には，慣習は経済的諸条件とともに変化するにもかかわらず，依然として本質的なものである。だが慣習は正確さを欠いている。それは紛争を引き起こす。そのために組織の指導者は慣習を選択することによって明確化し，やがてそれを定式化し，法典化して，経済的・法的制裁をもった

ものにしようとする。この手続きは，コモン・ロー裁判所の裁判官の意志決定による法の定式化にいたるまで，あらゆる活動的組織（コンサーン）において作用している。だがあらゆる組織はまた，制定された法に相当するものも，つまり国家の政治的過程を通じて生み出される制定法［文字による表記がされている法のこと。コモン・ローの大部分を構成する不文法に対置される概念］に相当するものももつ。

かくしてコモンズにおいて，その多様な構成要素における法との類似性は，多様な組織あるいはゴーイング・コンサーンの諸ルールの理論の基礎である。この組織がいわば多様な規模の「社会」（Gislain, 1999）を代表する。あらゆる組織は「それに固有なワーキング・ルールをもたなければならない。それが組織の法である。このワーキング・ルールは権威，慣習，習慣的行動，主導権などから生じてくる。それらはコモン・ローであり，制定された法であり，組織の判例である。国家も，経済組織も，文化組織も，ワーキング・ルールに依存するという点ではいずれも同一である。それらの組織の違いは，基本的に制裁のタイプにある。つまり，この制裁が物理的なものであるか，経済的なものであるか，道徳的なものであるかということである。組織はルールを適用するためにこれらの制裁の助けをかりることができる」（Commons, 1924, pp. 332-333）。

要するに，ワーキング・ルールは諸利害のアプリオリな調和をうちたてるわけではない。というのも，紛争は縮減しえないものだからであり，ワーキング・ルールが創出するのは，

取引における「実行可能な相互関係」と諸個人にとっての期待の相対的な保証だからである (Commons, 1934, p. 92)。この命題は、[利害対立や紛争を重視する]政治的アプローチと呼びうるものとルールによるコーディネーションという見解とを結び合わせる。

4.5 取引の理論

コモンズによれば、富は二重の意味をもっている。富は物的な事物である。だが富はまたこの事物に対する**所有権**でもある。有形のもの、無形のもの、触知不能なものの所有権をふくむ近代的な所有権の概念は、制度派経済学の土台となる。制度派経済学は、また所有の経済学でもある。先行の諸理論が商品、労働、欲望、個人、交換に焦点を当てたのに対して、所有の経済学は取引 (transaction) を中心的な対象とし、分析の単位としている。この取引という概念は、同時に紛争、従属、秩序をふくみこんでいる。取引は「法的コントロールの移転の単位」(1934, p. 5) であり、それは古典派によって考察された生産活動と、快楽説の経済学によって分析された消費の快楽とのあいだに介在する。取引は商品の交換に還元されずに、物的な事物の**将来の所有権を諸個人間で移転することのうちに存する** (1934, p. 58)。したがって、**法‐経済の関連**、あるいは法的‐経済的なきずなが、中心を占めることになる[11]。

ゴーイング・コンサーンあるいは活動的な組織を定義する

のは，ワーキング・ルールによって調整される有益な取引という共通の期待である。取引は3つの形態をとる。商品の売買取引，経営取引［職場の指揮権をもつ管理者とそれに従う労働者との間の取引］，割当取引［法的に権力をもつものとそれに従う個人との間の取引］，がそれである。コモンズによれば，この3類型は一般的で包括的な有効性をもつ。というのも，それはかつて経済学者が**交換**という単一の概念の下に混同していたものを区別するからである。

　商品の売買取引は，法的な視点からすると平等でも経済的な視点からすると不平等でありうる当事者間でおこなわれる。それは**駆け引きの力**という観点をもつ。経営取引と割当取引は，上位者と下位者との，管理者と被管理者との法的な関係をふくんでいる。経営取引において，管理者とは個人あるいはヒエラルキーであり，この個人あるいはヒエラルキーが指令を発する。割当取引においては，上位者が集団的な性格をもっており（取締役会，議会，調停裁判所，権威ある統治機構，国税庁など），コンサーンの下位者たちのあいだに制約と利益を配分する。この3つの取引様式は，経済的・法的・倫理的な次元をふくんでいる。

　コモンズは同様に，**戦略的取引**と**ルーティン的取引**を区別する。前者は活動の「制限因子」［活動を制約する要因］に関わっており，後者は活動の「補助因子」［活動を活発にする要因］に関わっている。活動の制限因子とは，コントロールが有効な時と場所において適切な形態でおこなわれたならば，補助因子を活性化し，その結果望ましい成果が得られるよう

取引の3類型

取引の形態	売買取引	経営取引	割当取引
個人の地位	法的平等	法的な上位と下位	法的な上位と下位
交渉の心理学	説得あるいは強制（当事者の取引能力に応じた）	命令と服従	弁護と討議
一般原理	希少性	効率性	公正
依頼人の性格	依頼人と代理人の区別の不在	個人あるいはヒエラルキー	集団的権威
取引の対象	所有権の移転（成果と支払いの債務）	富の創造	関連事業の費用と利益の分配
将来契約の履行	価格と数量	投入と産出	財政，租税，価格決定，賃金決定

出典：Commons (1934, pp. 64-65, p. 106); Commons (1950, p. 107)

な要因である（Commons, 1934, p. 629）。とはいえ，制限因子と補助因子とは，たえず置き換えられる。制限因子は，ひとたびコントロール下に置かれると補助的なものになり，別の要因が制限的なものになる。コモンズはこの図式が普遍的なものであり，時間規定の問題が結びついている，と主張する。制限因子は現在の活動の対象であり，補助因子に関して言えば，個人は将来それが安定するであろうと期待する。個人は補助因子に注意を集中する必要はない。それゆえ，補助因子

は活動的組織においてはルーティン的取引の対象となる（*ibid.*, p. 644）。この分析は，あきらかに企業の進化理論のいくつかを予期させる。企業の進化理論は半世紀後になってコモンズの命題とのはっきりとしたなつながりのないままに発展させられることになる。

4.6　集団的行動とコモン・ローの方法

　コモンズにおいて制度の概念は，活動的組織，ワーキング・ルール，集団的行動の諸カテゴリーにもとづいて，意味をもつ。ゴーイング・コンサーンという英米の概念（それはドイツ語の gutgehendes Geschäft と同義である）がここでは核心をなす。「家族，企業，労働組合，職業団体から国家そのものにいたるまで，われわれが制度と呼ぶものは，活動的組織であり，この組織を活動的に維持するワーキング・ルールである」（*ibid.*, p. 69）。それゆえわれわれはここで，組織とそのルールに焦点を当てて制度を定義してみよう。

　集団的行動は2つの形態をふくんでいる。慣習と活動的組織がそれである。前者は組織されておらず，後者は組織されている。コモンズによる制度の典型的な定義を要約した形で言うと，制度とは「個人の活動をコントロールする集団的行動」である。だが完全な形の定義は「個人の活動を制限し解放し拡張する集団的行動」である（*ibid.*, p. 73）。これこそコモンズが提起した分析の偉大な独創性である。とりわけヴェブレンと比較してそう言うことができる。コモンズの独創性

は次のことを強調することにある。制度が個人にとって解放の次元をあたえてくれるのは，制度自身の制約の性格だ，ということである。制度は，個人が他の個人から制約を受けたり，不平等な扱いをうけたりすることからその個人を防衛し，個人の活動能力を大幅に拡大して，個人が孤立した形でなしうるよりもはるかに多くのことを実現できるようにする。

英米の伝統に従ってコモン・ローの方法により法を創造することは，現実にはあらゆる活動的組織の普遍的な原理の特殊的事例にすぎない。活動的組織の普遍的な原理によって「諸種の利害紛争を調停する新しい法が確立され，慣習と倫理という未組織のワーキング・ルールにたいしてより正確な規定と制約の性格があたえられるのである」(*ibid.*, p. 73)。このコモン・ローの方法は，それ自身が慣習である。コモンズがより一層ヴェブレン的であったならば，それを「習慣的行動 (habitude)」と言ったかもしれない。ワーキング・ルールは組織のなかでたえず変化する (*ibid.*, p. 71)。ワーキング・ルールが示すことは，個人が道徳的・経済的・物理的な性格をもちうる集団的な制裁の支配下でなにをなしうるのか，なにをしなければならないのか，なにをなすことが許されるのか，あるいはなにをしてはならないのか，ということである。

4.7　制度主義，時間性と将来性

それゆえコモンズにとって，制度とは活動的組織とその活動ルールを意味する。だがかれは「制度化された精神」の議

論を通して，制度の概念を言語活動や技術にまで押し広げ，したがってこの概念にさらに広い意味をあたえる。「人間精神は生命有機体以上のものである。人間精神は有機体としては高度に発展した頭脳にすぎない。この頭脳は動物有機体の一部にすぎないが，それはやがて「制度化される」ようになる。それ以降，頭脳はわれわれが精神および意志と呼ぶより広い活動分野を獲得する。その最初の制度が，記号であり，言葉であり，数字であり，発話であり，文字である。われわれはそれらを言葉や数字の言語活動と呼ぶ。それは個人にとっての習慣的行動であり，諸個人が幾世代にもわたって伝達する義務的な慣習である。これが要するに制度である。人間のそのほかの制度は，火であり，道具であり，機械であり，家族であり，政府等々である。われわれはこれらの制度の持続的反復を，（中略）ゴーイング・コンサーンと呼ぶ」(*ibid.*, pp. 638-639)。

　時間性は，制度経済学のほとんどの潮流が引き合いに出す本質的な次元である。というのも，制度経済学はいずれも変化を中心テーマとしているからである。だがコモンズはさらに先に進む。かれにとって，時間という概念そのものが制度化された精神の構築物なのである。「それゆえ人間は有機体以上のものである。人間は制度的なものである。制度化された精神だけが，われわれが将来性（Futurity）と呼ぶ活動の卓越した時間的次元を発展させる。将来性は制度的なものである。孤立した子供や人間は，動物のように，将来性をまったく知らないか，ほとんど知らない。有機体の頭脳を遠い将

来へと制度的に拡張することは,この頭脳を遠くの空間へと制度的に拡張することと不可分である。頭脳の活動を二重に制度的に延長することによって,産業と政府において高度に発展した近代の活動的組織が可能となる。この組織が世界全体に,そして将来の諸世代に秩序をもたらすのである」(*ibid.*, p. 639)。それゆえコモンズは,制度と将来性との結びつきを,つまり精神の制度化と精神の空間的・時間的な「拡張」との結びつきを,強調する。時間とは制度的なものである。だから「制度の予測によってもたらされる,現在的行動の将来性の諸次元において,人間有機体は将来の出来事を現在の行動に変換するのである。(中略) 時間について言えることが,空間についても言える。制度化された頭脳だけが世界を包みこむ。頭脳による世界のこの包みこみを仲介するのが,活動的組織および道具として役立つ機械である」(1934, p. 640)。コモンズはプラグマティズムの行為理論からこの着想を得ているが,その理論では,「将来性」が中心的な役割を演ずる (Gislain, 2002, 2003)。個人は将来の現実に見合うようにして行動するが,それは個人が将来の現実を現在の制度的枠組みにおいて表象する限りにおいてのことである。行動の合理性はたしかに存在するが,この合理性に影響を及ぼすのは,現在の集団的行動によって枠づけられた将来の予測なのである。

　将来は不確実性によって特徴づけられるが,制度はその不確実を減少させる効果をもつ。制度経済学が考察する社会は,「その将来がたしかに予見不可能なものとみなされるが,た

だし洞察力のある構想と集団的行動によってある程度までコントロールしうる」ような社会なのである (Commons, 1934, p. 107)[12]。

5．ポランニーと制度化過程としての経済

　カール・ポランニー（1886-1964）は，とりわけその著作『大転換』で知られている。この書物は，異端派の制度主義的分析の古典とみなすことができる (Maucourant, 2005)。ポランニーはそこで19世紀の自由主義を危険なユートピアと定義している。19世紀の自由主義は，自己調整的市場の原理を普遍化し，それを労働・土地・貨幣といった「疑制的商品」にまで拡大する。このユートピアが社会に及ぼした破壊的効果は，それに対抗する保護の運動を引き起こし，市場取引の拡張を相対的に制限することになった。

　ポランニーを制度主義の経済学者と呼ぶのはいきすぎであろう。というのも，かれはとりわけ歴史家であり，人類学者であって，しかもドイツ歴史学派や米国の制度学派の影響がかれの著作に直接映し出されているわけではないからである。とはいえ，ポランニーを制度主義の伝統に結びつけることは不当なことではない。かれが1950年代以降，制度主義の本流におよぼした影響力は重要である。ここでポランニーに言及することが正当化されるのはそのためである。

5.1 統合の諸形態

経済一般は,「制度化の過程」を意味する。経済一般は経済的および非経済的な制度に埋め込まれ (embedded),包みこまれている (Polanyi, 1957, p. 244)。様々な時代に様々な社会で観察される多様な制度化の様式を研究するために,ポランニーは「統合の諸形態」という概念を援用した。統合の諸形態は,「経済過程の諸要素——物的な資源および労働から財の輸送,貯蔵,分配にいたるまでの諸要素——がたがいに結びつけられる制度化された運動を示す」(Polanyi, 1977, p. 35, 邦訳 p. 89)。統合の概念は,コーディネーションの概念に近い。実際,この概念は分業によって分離されたものを「再統一すること」に関わっている。ポランニーは,歴史的な経済システムの膨大な比較研究にもとづいて,この再統一の領域には3つの基本的なモデルが存在する,と主張する。互酬[贈与とその返礼からなるが,返礼は関係者間で明示的に規定され相互了解されているわけではない],再分配,交換,がそれである[13]。

「互酬は,対称的な集団間の相対する点のあいだの移動を意味する。再分配は,中心へと向かい,次いで中心から外部へと向かう領有の移動を指し示す。交換は,商品経済システムにおける「持ち手」の変換のような可逆的な移動のことをいう。それゆえ,互酬は,対称的に秩序づけられた諸集団を背景にしている。再分配は,集団の内部における一定の中心形態の存在に立脚している。交換が統合を生み出すためには,価格を創出する市場のシステムが存在しなければならない。

これらの多様な統合モデルは特定の制度的な支えを前提としていることは明白である」(Polanyi, 1957, p. 245)。

統合の諸形態は，発展の「諸段階」でもなければ，経済システムそれ自体でもない。それらの諸形態は，歴史上多様な形で組み合わされている。「支配的な形態と同時に，複数の二次的な諸形態が存在しうる。支配的な形態は，それ自身が一時的に崩壊したのちにふたたびあらわれることもありうる」(*ibid.*, p. 249, 邦訳 p. 276)。西欧の封建制の終わりまでに存続したすべてのシステムは，「互酬性あるいは再分配の原理にしたがって，あるいは家族的統治にしたがって，さらにはこの三者の組み合わせの原理にしたがって，組織された」(Polanyi, 1944, pp. 54-55, 邦訳 p. 72)。これに対して，市場経済のシステムあるいは資本主義のシステムは，交換の支配によって特徴づけられる。交換の支配は専一的なものとなる傾向にある。

ポランニーの理論は，ひとつの経済システムのなかに多様な調節様式が共存することを強調する制度主義的な考え方（たとえば J. ホリングワース，R. ボワイエ，J. コルナイ）の，おもな源泉のひとつとみなすことができる。かれの理論は，（市場と国家，あるいは市場と組織といった）二元論を本質とするモデルに依拠した経済的コーディネーションの理論とは異なっている。

市場の起源に「取引し交換する人間の性向」を仮定するスミスとは逆に（付言すれば，習慣的行動の基礎に本能を置くヴェブレンとも異なって），ポランニーは「統合の諸形態の基盤をなす制度的構造を創造するためにだけ個人の行為と行

動が付け加えられる」というような発想を批判した。だから，互酬性も，交換も，「構造的な構図があらかじめ存在することなしには」ありえず，この構造的構図は，「相互性と交換の個人的な活動の結果ではないし，そうではありえない」(Polanyi, 1977, p. 37, 邦訳 p. 91)。ポランニーがここで引き合いに出すのは，デュルケム，ヴェーバー，パレートである。かれらが強調したのは，個人的行為の多様な類型の社会的な前提条件である。ポランニーがとりわけ依拠するのは，トゥルンワルトとマリノフスキーといった人類学者の研究である。これらの人類学者が教えてくれるのは，一定の社会的な条件がなければ個人の行動がなぜ多くの場合社会的効果をもたないのか，ということである。「互酬の態度がある重要な制度を生み出すのは，対称的に組織された社会環境においてのみである。諸個人の協調的な行動が再分配の経済を生み出すのは，中心がすでに確立されたところにおいてのみである。交換へと向かう個人的態度が共同体の経済的諸活動を統合する価格へとゆきつくのは，そのために制定された市場が存在する場合だけである」(*ibid.*, p. 38, 邦訳 p. 93)。それゆえポランニーが示唆しているのは，構造主義的タイプのアプローチである。つまり，あらかじめ確立された制度が諸個人の行動を導いて，固有な統合形態が構築されるのである。

5.2 「社会からの自立」という問題構成

ポランニーのもっとも有名な命題のひとつが，近代資本主

義の時代における「経済の社会全体からの自立」(disembeddedness) という命題である[14]。ポランニーはアリストテレスに依拠して,「実体経済」を,人間の生存 (livelyhood) 一般を確保するための活動として定義する。かれの主張によれば,市場の自己調整システムの支配へと移行するとともに,歴史的に経済が社会から相対的に自立する。これは先行するあらゆる社会と異なっている。先行する諸社会では,経済が社会のなかに埋めこまれ,経済的活動や経済的動機が親族・政治・宗教といった社会的実践や社会的目的のなかに包みこまれていた。互酬と再分配が支配している限り,自立した生活領域としての「経済」という概念そのものがそもそも構築されえない (Polanyi, 1968, p. 84)。その逆に,自己調整的市場のシステムの基礎にある利潤目標は,経済の「形式的」概念の支配へと導く。この概念は実体経済の伝統的な概念とは区別される。経済の形式的概念が支配して以降,経済領域はもっぱらそれ固有の法則によってつき動かされるように見える。社会は市場の補足物になる。「経済が社会諸関係のなかに埋めこまれる代わりに,社会諸関係のほうが経済システムのなかに埋めこまれる」(Polanyi, 1944, p. 57, 邦訳 p. 276)。民主主義的社会主義の支持者であったポランニーは,第2次大戦後に不可避となりつつあった「大転換」によって,社会からの経済の自立化がもたらす不安定を押しとどめ,互酬と再分配と交換という統合の諸形態を組み合わせることを通してよりきバランスをとることができるものと期待したのである。

I 制度主義の元祖

原註

1) メンガーは，同じ時期に自生的に（つまり有機的に）形成される制度と，意図的に（実用主義的に）うちたてられる制度とを区別している（後述）。

2) 注意すべきことは，ケインズが「古典派」という表現を用いたのは，古典派と，われわれが通例「新古典派」として特徴づける論者たちをともに指すためであり，したがってヴェブレンと同様に，この2つの伝統のあいだの連続性を強調するためであったのに対して，マルクス主義者ならびにポストケインジアンは，その逆に古典派と新古典派潮流とのあいだの断絶を強調した，ということである。

3) ヴェブレンの逆説のひとつは，暗黙の規範的な姿勢がヴェブレン自身の著作においてけっしてまれなものではない，ということである。たしかにヴェブレンは，コモンズとは逆に，あらゆる改良主義的な関心を無視している。

4) 「累積的因果連関」の概念は，アリン・ヤング，カルドア，ミュルダールのような制度学派の影響を受けた経済学者たちによって，ポジティブ・フィードバックや収穫逓増の理念と結びつけられて，ふたたびとりあげられ，拡張されることになる。

5) このような制度の定義は，ヴェブレンの著作のなかでもっとも頻繁に見られるものである。制度の概念は，私的所有，有閑階級，単婚家族，「貨幣制度」のようなきわめて多様な現象に広く適用される。それは次のことを意味する。これらの現象の基礎には，先行の歴史的状況において構築された思考の習慣がある，ということである。

6) 本能および習慣的行動の理論によってヴェブレンに影響をあたえたのは，ウィリアム・ジェイムズであり，ウィリアム・マクドゥーガルであった。

7) 進歩的諸段階にもとづく進化の図式は，ドイツ歴史学派の特徴のひとつである。だがこの図式は，またたとえばスミスやマルクスにおいても見られる。19世紀を支配した歴史的進化主義は，多くの場合，合目的的で，目的論的な傾向を有していた。

8) ノースの表現を借りて，インフォーマルな制度とフォーマルな制度をめぐる議論の端緒を定式化しなおすならば，フォーマルな制度はインフォーマルな制度を定式化した帰結として提示される，ということがわかる。だから，習慣的行動と慣例は，法において

規範化されるのである。『有閑階級の理論』にしたがって強調すべきことは，所有が本源的な制度だということである。
9) コントロールというテーマはさほどヴェブレン的なテーマではない。それはむしろコモンズにおいて集団的行動の概念とともに提起されることになる。
10) コモンズがヴェブレンを批判するのは，ヴェブレンが自然選択の比喩を用いてそれを制度に適用したという点である。それに対してコモンズは人為的選択を対置する。かれの目には人為的選択こそがダーウィンの出発点である，と映ったのである。
11) マルクスにとって，法の領域は，社会の経済的土台に対する上部構造をなしており，経済的土台によって規定される。コモンズはその逆に，「資本主義の法律的基礎（法的土台）」(1924) に言及する。それはいわばマルクスの比喩の転倒である。
12) 貨幣経済における根本的な不確実性が慣行の役割によって減じられるというテーマは，ケインズにおける核心的なテーマであるが，このテーマはコモンズの構想と共鳴しているように思われる。スキデルスキーはケインズの伝記のなかで，コモンズに言及し，「誤解されているがケインズに重要な影響をあたえた人物」と評している。そしてケインズがコモンズにあてた1927年の手紙を引用している。そこでケインズは次のように書いている。「わたしが，このような総体的な一致を感じる一般的な発想をほかの経済学者たちがもっているとはわたしには思えません」(Skidelsky, 1995, p. 229)。制度主義とケインズ理論の相互作用は，後世の歴史にも重要な意義をもつであろう。
13) ポランニーは『大転換』のなかで，統合の第4の形態として家族的統治 (householding) の原理に言及している。この原理は，閉鎖集団の欲求のための直接的な生産と貯蔵からなる。だがかれは，この原理を後の図式のなかでは保持していない。そして，この原理が小規模な再分配に属するということをほのめかしている。
14) ポランニーはこの命題に影響を及ぼした著者として，ヘーゲル，マルクス，メイン，テンニース，ヴェーバー，マリノフスキーを挙げている (Polanyi, 1957)。

II　オーストリア学派とオルド自由主義

1. メンガー：有機的アプローチと実用主義的アプローチ

　ドイツ歴史学派は，伝統的理論においては人間行動に影響する制度的要因が無視される点を問題視していた。ドイツ歴史学派からの批判に答える際，オーストリア学派の創設者であるカール・メンガー（1840-1921）は，制度を形成する2つの経路の非常に重要な違いをあきらかにした。メンガーによると，社会現象の一部は「その創設をめざす**共同意志（合意，実定的立法など）の**結果であるが，他の部分は本質的に**個人的な**諸目的の達成をめざす人間の諸努力の，意図せざる結果である」(Menger, 1883, p. 133, 邦訳 p. 136)。前者は社会現象の実用主義的起源であり，後者は有機的起源である。もし，今日の諸制度の大部分が実用主義的経路により，集団主義的かつ意図的なやり方で作られたということが本当ならば，制度の分析や解釈にはとくに困難はないだろう。有機的なやり方で作られる諸制度については，事情が異なる。メンガーは，後者の諸制度がもつ，経済理論にとっての重要性を強調する。

1.1 有機的制度としての貨幣

　『国民経済学原理』（*Grundsätze*, 1871）において，メンガーは，諸個人がかれらの状況を改善しようとする行為の意図せざる結果として，貨幣の起源を説明する次のような理論を定式化した。貨幣はひとつの社会的手続きの産物であるが，それは「社会構成員の個人的努力の自生的な結果，あらかじめ計画されたものではない結果」(Menger, 1892) である。さらに『経済学の方法』（*Untersuchungen*, 1883）において，メンガーはこの理論を一般化し，法，言語，市場，共同体の起源や国家の起源といった他の多くの制度に関して，以下のように説明した。経済学および社会科学の「精密な研究」が解かねばならない問題とは「共同福祉に役立ち，その発展にとってもっとも重要な制度が，その創設をもくろむ共同意志なしに，どのようにして発生することができるのか」(Menger, 1883, p. 146, 邦訳 p. 150-151) という問題である。「交換可能性」が高い商品を手に入れることによって，物々交換の制約を脱しようとする諸個人の試みから，貨幣が非意図的に発生するのと同様にして，新たな町は次のようにして形成される。異なった職業や素質をもつ諸個人は，彼らの様々な能力にとってよりよい市場がそこで見つかると思う新しい場所に居を定める。また，初期の諸国家も，隣り合って居住する諸家族が協力することが有益であると判断するから，形成されたのである。メンガーは，ここで，「有機的発展」に言及する。有機的発展においては，社会的制度は，個人的な利益目標をめざす人

II オーストリア学派とオルド自由主義

間行動の予期せぬ結果として形成される。幾人かの個人は,なんらかの規則に従ったり,なんらかの手段を用いたりすることにより,他の人たちよりも,すばやく,巧みに,自分の利益を高めることが明らかになる。そして,メンガーによると,他の人たちは,かれらの成功を見て,かれらを模倣しようとする。このようにして,この「共通善として役立つ制度」が,だれかによってその意図のなかに計画されたり認識されたりすることなく,決定的に強化される。その例としては,次のような知識の普及が挙げられる。幾人かの個人は,かれ自身はさしあたり必要としないが,より大きな「交換可能性」をもつ財を,自分の財と引き換えに得ることによって,利益を獲得できることを知る。「この知識が,ひとつの国民のすべての成員によって,同時に獲得されることはけっしてないだろう。むしろ,まず少数の経済主体が,このような交換から生まれる利益を認識するだろう。(中略) 人間に経済的利益を悟らせるためには,本来の目標を実現するための適切な手段を採用している人々の経済的成功を知ることよりもすぐれたやり方はない」(*ibid.*, p. 155, 邦訳 pp. 162-163)。

メンガーは,このような説明が大きな一般性を有していると考える。このことが彼の関心を強め,彼は次のように述べる。「「有機的に」創られた社会構造の精密な理解のための方法と」,価格,賃金,利子率などの形成に関する「精密な経済学の主要問題の解決のための方法とは本質的に同じなのである」(*ibid.*, p. 158-159, 邦訳 p. 167)。この方法は,のちに方法論的個人主義(この表現はシュンペーターに由来する)と呼

ばれるものである。また，この方法は，スミスの「見えざる手」という考え方を間接的に思い出させる説明と結びついている。言い換えると，それは主体の側では意識されないプロセスであるが，特殊利益をめざす個人的行動がもつ，逆説的であるが巧みな効果として，集団的に有益な結果を生み出す。ここで生じる疑問は，（ヴェブレンが言うところの）「邪悪な」さらに「愚かな」有機的制度が自生的に生まれることはありえないのかという疑問である。（有機的起源をもつ）慣習法が，共通善にとって有害であることが判明し，（実用主義的性格をもつ）法制によって慣習法の変更が正当化されることは，まれではないとメンガーは認める（*ibid.*, p. 233）。しかしながら，全体としては，メンガーは，アダム・スミスやその弟子たちが属する「英仏の啓蒙時代の一方向的な合理主義と実用主義」には反対し続ける。というのは，かれらは，多くの諸制度の有機的起源を無視し，過剰な改良主義に到達して，図らずも社会主義の道を切り開くことになったとメンガーは考えるからである（*ibid.*, p. 173, 177）。

1.2　複雑な相互作用

　個人主義的思考法や見えざる手とのアナロジーが，メンガーにおいては，かれの経済的自由主義と結びついているということは強調する必要がある。しかし，有機的起源をもつ制度と，実用主義的起源をもつ制度との区別は，かれにおいては，二項対立にまでは高められていない。「全体としての社

会現象の理解のためには,「有機的」解釈と同様に,**実用主義的解釈**もまた,不可欠である」(*ibid.*, p. 135, 邦訳 p. 138)。このことは,貨幣や法にもあてはまるが,これらに関しては有機的アプローチの方がすぐれている。「貨幣は法律によって創られたものではない。それは,その起源からして,社会的制度のひとつであり,国家的なものではない。国家権力による制裁は,貨幣にとって(最初は)無縁な観念であった。しかし,他方で,国家による貨幣の再認識と規制を通じて,進化する交易の様々な変わりやすい要請に適合するように貨幣は調整され完成されていった。このことは,慣習法が制定法によって調整され完成されていったことと同様である」(Menger, 1892, p. 255)。

さらに,ひとつの制度は,最初は有機的な仕方で出現して,のちに法制の実用主義的介入によって補強される(あるいは変形される)という図式が歴史においてはもっとも一般的であるとメンガーは考える。貨幣,市場,法,近代国家の現代のシステムにもこの図式があてはまり,それらは,「個人的な目的論的な力と社会的な目的論的な力とが結合した作用の結果として,言い換えると,「有機的」要因と「積極的」要因が結合した作用の結果として,あらわれる制度の例である」(Menger, 1883, p. 158, 邦訳 p. 166)。

制度の起源に関するメンガーの理論においては,2つのレベルが決定的に区別される。第1に,個人的利益をめざす目的論的な個人的行動は,模倣行動の媒介により,予見できないやり方で,共同体にとって有益な,有機的起源をもつ制度

を作り出す。第2に，共通善をめざす目的論的な社会的行動は，意図的なやり方で，実用主義的起源をもつ制度を作り出す。しかし，この2つのレベルは独立しているのではない。というのは，実用主義的行動は，その社会のそれまでの歴史のなかで有機的な方法で形成された制度を改善できるからである。

2．ハイエクにおける秩序とルール

2.1 自由の諸制度

ハイエク（1899-1992）は，ミーゼスとともに，オーストリア学派の伝統を20世紀に維持し，拡張した立役者である。かれの著作は経済的政治的自由主義の再建に捧げられている。この経済的政治的自由主義は，オーストリア学派が初期に新古典派的伝統と共有していた諸要素から，彼をしだいに遠ざけていった。この諸要素としては，均衡への言及，完全情報の仮定，価格の中心性などが挙げられる。一方で彼は，方法論的個人主義を維持し深化させていった。社会主義批判，より一般的には介入主義批判を通じて，彼はしだいに，複雑性，相対的無知，個人の知識の分散性というコンテキストの下での行動のコーディネーションという問題を強調するようになり，競争を発見のプロセスとして特徴づけるようになった。1960年代から80年代にかけての著作，とくに，『自由の条件』（1960），『法と立法と自由』（1973-78），『致命的な思い

上がり』(1988)において,彼はルールに関する入念な理論を作り上げた。この理論は,広い意味での制度経済学に対する彼の重要な貢献としてとらえられる。

制度の概念は,ハイエクが発展させた秩序とルールの概念に密接に結びついている。これについて,ハイエクは,経済学だけでなく,法学,政治学,心理学,哲学といった様々な学問領域に関わる多様な知的伝統に基づいて研究し,その結果,彼の著作は大きな射程をもつことになった。彼の考え方の重要な2つの源泉となったのは,第1に,スミス(およびファーガソンのような「スコットランド啓蒙」の先行者たち)の見えざる手という概念と,第2に,有機的に生まれる制度と実用主義的に生まれる制度とのメンガーによる区別である。ハイエクはこの区別を拡張し,「秩序」に適用した。ハイエクが好んで使った制度の事例は,メンガーと同じ言語,貨幣,道徳,国家に加えて,所有権,さらに法律である。彼は秩序も制度のカテゴリーのなかに入れた。

2.2 秩序とルール

秩序という概念は,ある種の首尾一貫性や永続性を想起させ,「システム」「構造」あるいは「パターン」という概念と似ている (Hayek, 1973, p. 42, 邦訳 p. 49)。ハイエクによれば,社会や経済の領域においては,次の2種類の秩序を区別することが重要である。第1は,意図的に構築されかたちづくられた秩序であり,**組織**とも呼ばれる。第2は,自生的秩序で

あり，これは管理されることのない進化によって，自己組織化の過程を通じて形成され拡大する。組織された秩序と自生的秩序とは，経済と社会の様々なレベルで共存している。しかし拡張された複雑な秩序は，組織されたものではありえない。このことはハイエクの理論で重視される次の2つの事例にとくにあてはまる。それは市場の秩序と全体としての社会である。

　組織と自生的秩序の間には，次のような本質的な違いや明確なコントラストがある。組織された秩序は比較的単純であり，目標をもつ。また，命令を下し，ルールを作る指導部をもつ。組織された秩序における行動のコーディネーションは意識的であり意図的である。反対に，自生的秩序は複雑であり，組織者，指導者あるいは計画者をもたないし，究極目的もない。自生的秩序における行動のコーディネーションは，意識されないが効果的なやり方でおこなわれる。組織された秩序は具体的であり，自生的秩序は抽象的である。自生的秩序は，直接的で明白な方法では理解できないので，それを把握するためには，自生的秩序の構成諸要素の間にある様々な諸関係を頭のなかで再構成しなければならない（*ibid.*, p. 44, 邦訳 p. 52）。

　この2種類の秩序は，2つともルールに立脚するという共通点をもつ。しかし，次の2点の違いは強調されるべきである。第1に，組織は，指導部が下す指示と指導部が設定するルールの両方によって支配される。この命令とルールとは組織の目標に結びついている。他方，自生的秩序は「正義に適

うルール」によってのみ基礎づけられる。第2に、組織された秩序のルールと自生的秩序のルールとは、次のような明確なコントラストを示す。前者は、目的論的と呼ばれる目的性をもち、具体的であり、意図的に作り出され、指示的である。後者は目的をめざすものではなく、諸々の環境に依存しないので抽象的である。また、自生的、進化的な方法で作られ、主として禁止的な性格をもつ。この2種類の秩序と、それに対応する2種類のルールの間にあるコントラストは次の表のようにまとめられる。

ハイエクの2種類の秩序と2種類のルール

組織された秩序（Taxis）	自生的秩序（Kosmos）
作られるもの、外生的秩序、配置、構築物、組織	成熟するもの、成長するもの、自己発生秩序あるいは内生的秩序
単純	複雑
指導部、組織者をもつ	指導部、組織者をもたない
目標、意図がある	（秩序それ自体とは別の）いかなる目標や意図にも依存しない
意図的に構成され、コーディネートされる	意識されないやり方、計画されないやり方でコーディネートされる
指導者やルール（指導者を補助し、目標に結びついたルール）によって統治される	正義に適うルールによって統治される
具体的（直観的に理解できる）	抽象的（直観的には認識できない。構成要素の変化にもかかわらず、それらの関係構造のなかで永続する）

組織のルール（Thesis）	自生的秩序のルール（Nomos）
目的をもつ（短期で予測可能な具体的結果をめざす）	目的をもたない
具体的	抽象的（結果を考慮せずに，将来の無数のケースに適用される）
意図的に形成	自生的に進化。周辺部分では意図的に改善
組織の成員により異なる	全員に同一の仕方で適用される
指示的	禁止的あるいは否定的

出所：Hayek (1973) にもとづき作成。

　ハイエクは自由主義を支持し，「設計主義」としての社会主義に反対した。設計主義とは，組織の計画によって，社会や経済を再構築しようとする超合理主義的な主張である。ハイエクの中心的議論は，あらゆる複雑な秩序にとって，「中央の指令よりも自生的形成の方に優位性がある」(Hayek, 1988, p. 123) という原理に依拠している。実際，自生的秩序において作用する非意図的なコーディネーションだけが，システムのなかに分散しているあらゆる知識や情報を非集権的なやり方で処理する能力をもつ。そしてハイエクにとって，「自生的秩序を組織で置き換え，同時に全構成員のなかに分散している知識をできるだけ多く利用することは不可能であり，また，直接の命令によって介入することで，この秩序を改良したり修正したりすることも不可能である。自生的秩序

と組織のそのような組み合わせを採用することはどうみても合理的ではない」(Hayek, 1973, pp. 59-60, 邦訳 p. 68)。

2.3 ルール，知の分割，知識の伝達

ハイエクはルールの一般理論を定式化したが，かれの関心は自生的秩序に関連するルールに集中している。この自生的秩序はメンガーの有機的制度を想起させるが，ハイエクの議論のなかには，「見えざる手」型の過程に関するかれ独自の説明もある。ハイエクはとくに，多世代の経験にもとづいて知識が結晶化することを強調する。この結晶化によって，「進化する」ルールや知識がもつ次のような価値が生まれる。つまり，このルールに従う個人は，この知識を間接的に，しばしば無意識的に動員することができる。実際，個人の知識は空間的に分散化されているだけでなく，時間的にも分散化されている。だれもこの知識を集めることはできないし，それをまったく直接的に利用することはできない（とくに中央当局はできない）。正義に適うルールによって，まったく意識しないで，なんらかの形でこの知識を利用することが可能になる。この意味で，正義に適うルールは道具あるいは手段という性格をもつ。「ルールは道具であり，それは個人が利用できる手段である。個人が行動する環境に関する彼の知識と同様に，ルールは，決定の基礎として役立ちうるデータの一部をかれに提供する」(Hayek, 1960, p. 151)。一般に，あらゆる設計主義者が軽視するしきたりの重要性はここにある[15]。

複雑な秩序における抽象的ルールの利点のひとつは，様々な計画をもつ諸個人の多様な予測の調整を容易にする点にある (Hayek, 1973, p. 117)。このように，ルールによるコーディネーションは，価格によるコーディネーションを補完する（あるいは基礎づける）ように働く (Fleetwood, 1995)。しかし，正義に適うルールの本質的役割は，全体的な自生的秩序を可能にする点にある。これは，一種の「創発的な」現象であり[16]，したがって直観には反する現象である。「ルールによって決定される個人の行動の規則性と，ある種のルールに従う結果として生じる全体的な秩序とをはっきり区別するべきである」(Hayek, 1973, p. 133，邦訳 p. 144)。

2.4 国家と法

法理論においてハイエクが参照する本質的モデルは，英米の伝統であるコモン・ローのモデルである。ハイエクの観点では，このモデルだけが自由の理念と合致する。逆に，大陸型（仏独）の制定法の伝統は，典型的な設計主義であるとハイエクは判断する。「個人の自由という理念がもてはやされたのは，主として，少なくとも長期間にわたって裁判官が作った法が支配力をもっていた国民の間においてであったようである」(*ibid.*, p. 112，邦訳 p. 123)。ハイエクもコモンズも一種の「コモン・ローの方法」を採用しているが，ハイエクの解釈はときにロマン主義的親英主義と評される (O'Brien, 1998)。この点でコモンズの解釈とはあきらかに異なる。

次の2種類の法がある。第1はギリシャ語でいうノモス (*nomos*) であり、父祖伝来のルールにもとづく法である。それは立法者にとって不可欠な法であり、発見されるべきものである。第2は「発布された」ルールからなるテシス (*thesis*) であり、当局によって設定され、制定される。この2種類の法は、「法」や「法律」という同じ名称で呼ばれ、しばしば混同される。これは、自生的秩序に固有の、正義に適うルールと、目標をもつ組織のルールとの混同を想起させる。法実証主義に反対するハイエクにとって、慣習やしきたりが進化してできたルールという意味での法は、立法以前に存在するものである。コモン・ロー・モデルに従うと、もし立法がよい慣習に立脚し、それを強固にする場合は、立法は正義に適う抽象的ルール形成に役立つ。しかし、逆に、組織型の目標をめざす全知の立法者を仮定する合理主義者や設計主義者の精神で、アプリオリに立法がおこなわれると、「偉大な社会」の自生的秩序を危険に陥れるだろう。

このように国家は二重の使命、二重の性格をもつ。一方で、国家は正義に適うルールを定式化し、承認する役目をになう。この正義に適うルールは、コモン・ローの法制化過程によって「発見」されるものである。場合によっては、コモン・ローは改善されたり、調整されたりするが（この点についてはすでにメンガーが指摘していた）、その場合でも、社会の自生的秩序を維持するというコモン・ローの機能と、その一般的抽象的性格は絶対的に守られる。言い換えると、国家はノモスの保証人であらねばならない。他方で、国家はそれ自身、

組織された秩序である。とくにいくつかの公的サービスを供給する役割に関して，国家は目的化されたルールおよび内部の指令に依拠する。国家はある意味で，他の諸組織の間にある組織であり，たしかに，もっとも大きな組織された秩序である（この議論はコモンズの議論を反映しているように見える）。国家の二重の役割は，国家をはみ出し，国家を包含する自生的秩序に関わるこの特殊な組織の特別な機能から生ずる。本物の法治国家は，一方で，全社会において，ノモスの抽象的ルールを守らせる。つまり，コモン・ローから生まれる市民法あるいは「民」法を守らせる。他方で，法治国家は，「公」法とテシスに属する組織内部のルールをもつ（Nemo, 1988）。

　ハイエクによると，国家がもつこの2つの機能の混同は，設計主義や社会主義の伝統に固有の誤りのひとつである。設計主義者や社会主義者は，巨大な組織として社会をとらえる傾向があり，その結果，ノモスとテシスを混同した。したがってかれらは自生的秩序への指令的介入を促進した。この介入は自生的秩序の再生産を危うくしただけでなく，不可避的に悪化させる効果をおよぼし，その修復のための再介入を導いた。結局，この再介入は社会を「隷従への道」（1944）に導くリスクをふくむものであった。そして，ハイエクはここで，経済的次元（市場や「カタラクシー」［交換経済］の自生的秩序）と政治的次元（個人の自由）との統合にもとづいて，古典的自由主義を再度主張する。この古典的自由主義は，倫理と法を中心軸とする野心的な制度理論に立脚している。

2.5 文化的進化

ハイエクの見解は制度経済学に関連するものとしてとらえられるが、そのおもな理由は、ハイエクが制度の生成や進化という問題に留意しているという点にある。ヴェブレンとやや似ているが、ハイエクの考え方においても、変化の様々なレベルあるいは様々な過程の接合が見られる。実際、ハイエクは、ルール形成について3つの異なる様式の違いを強調する。さらにこの3つの様式は、ルールの3つの段階と重ね合わされている。「あきらかに、はじめに、遺伝的遺産という固い基盤すなわちほとんど変化しない基盤、生理的構造によって決定される「本能的」動因という基盤が存在する。次に、社会構造の連続的な型において獲得された伝統のあらゆる残存物が、そのルールとともに存在する。このルールは人間が意図的に選択したものではなく、(中略) なんらかの慣行が、このルールに従う集団の繁栄を増進したために普及したルールである。最後に、これらすべての上に、ルールの層という第3の薄い層がある。このルールは既知の目的に資するために意図的に採用され修正される」(Hayek, 1979, p. 191, 邦訳 p. 221)。本能、慣習、制度というヴェブレンの3つの概念は (ヴェブレンをあきらかに軽蔑するハイエクは、ヴェブレンの3つの概念には触れていない)、ハイエクにおいては、本能、有機的ルール、実用主義的ルール (メンガーの用語を借りている) という、これもまた、連続する3つの概念に取って代わられる。制度の構図によっては争いにつながる闘争本

能に着目するヴェブレンは，しばしば，労働本能や親性性向 (parental bent) のような有益な本能が，有益でない本能を支配するようにさせる制度の構図に関心をもったようである。逆に，ハイエクは連帯心や利他心のような「遺伝的」本能については警戒心を抱いた。これらは原始的な小集団には適用できるが，拡張された複雑な秩序には適用できないと，ハイエクは考えた[17]。ハイエクは，つねに，人間の無知には縮減できない部分があるということを認識していない議論については判断を保留した。次に，彼は3つのうち第2のレベル，つまり進化を生き延びたルールによって基礎づけられる伝統というレベルについて述べる。ここで示されるハイエクの立場は，受け継がれた制度はしばしば擬古的であり不適合的であると主張するヴェブレンの立場とは逆である。「本能的に正しいと認識されるものでもなく，また特定の目的に役立つと合理的に認識されるものでもなく，受け継がれてきた伝統的なルールがしばしば，社会の機能にとってもっとも有益なものであるということは，現代において支配的な設計主義の見方が受け入れることを拒絶しているひとつの真理である」(*ibid.*, p. 194，邦訳 p. 225)。

　正義に適うルールの生成と行方について，ハイエクは「進化」という用語で理解した。かれにとって「進化」は，「自生的秩序」の双生児のような概念であり，「文化的進化」という形で，彼の最晩年の諸著作で多用された。文化的進化は，他の進化過程とくに生物学的進化過程のアナロジーであるが，それに還元できない特性もある。それは，とくに，自然的で

Ⅱ オーストリア学派とオルド自由主義 73

もなく人工的でもなく，まさしく「文化的」な選択様式にもとづく。この選択過程は，（社会的ダーウィニズムのイメージのように）諸個人を選択の対象とするのではなく，ルールを対象とする。それは以下のような社会的な「群選択」を通じて作用する[18]（*ibid.*, p. 205）。正義に適うルールはもともとは個人の発明であるが，より大きな集団によって採用される場合，顕著な文化的伝統を生み出しながら普及していく（Hayek, 1973, p. 90）。次に，様々な集団の相対的な繁栄や拡大（人口増加，部外者の吸収）にもとづいて，成功した集団のルールはいくつかの他の集団によって模倣されていく。その結果，当該のルールは拡張され，他方で，再生産に適さないルールを採用するグループは衰退するか，あるいは，成功した集団に吸収されていく。個々のイノベーション過程（それはそもそも最初は既存のルールからの逸脱である）は，絶え間なく続くけれども，諸グループが獲得した様々な優位性に応じて作用する選択過程は（Hayek, 1979, p. 186），最終的に，自生的秩序にとってもっとも有益なルールを生き残らせ，根付かせる。

　実は，ハイエクのこの理論は，社会集団の原始的な進化に関する，特定の解釈にもとづいている。この理論は，多分にロマン主義的であり，征服や暴力に強く彩られた人類の大部分の歴史的経験とは合致していないように思える。たとえば，ハイエクが告発した近代特有の設計主義的傾向とそれに関わるルールとは漸進的な輸入や模倣によって広がったものではないと思える。また，この設計主義的傾向の広がりは，それ

に関わる様々な社会が達成した経済的成功や人口学的成功とは直接的で単純な関係はもっていないと思える。それでもやはり，ハイエクにとっては，道徳のルール，所有制度，貨幣制度，（広義での）法制度は，文明化や経済的拡大のような文化的，生産的な進化の結果なのである。正義に適うルールは，なるほどあいまいで，誤解を生みやすいが，ハイエクによれば，次のような注目すべき特徴をもつ。つまり正義に適うルールの有用性は，ひとたび「抽象的な」自生的秩序を頭のなかで再構成した場合にしか，理解できないのである。「個人は，全体的な秩序について，いかなる観念ももつことはできない。全体的な秩序は，集団内の親族関係や婚姻関係のルールや所有に関する相続ルールのようなルールを個人が守るという事実によって作られるものである。また，個人は，この全体的な秩序が果たす機能についてもいかなる観念ももつことはできない。にもかかわらず，実在する種に属するすべての個人は，この観念をもっているかのように行動する。というのはこのような行動に従う諸個人の集団は，このように行動しない諸個人を排除するからである」(Hayek, 1967 a, p. 70)。

3．オイケンとオルド自由主義

　ワルター・オイケン（1891-1950）とフランツ・ベーム，およびフライブルグ学派の名で知られるオルド自由主義〔名称は旧西ドイツで 1948 年創刊の年報『オルド（秩序）』に由来する。

中央管理経済と古典自由主義の自由放任をともに拒否して、自由競争秩序の人為的形成(秩序政策)の必要性を強調した]は、ドイツ思想の制度経済学へのひとつの貢献としてとらえることができる。歴史学派の制度的アプローチと、限界主義・オーストリア学派の伝統による抽象的分析を重視するアプローチとのあいだで起きた方法論争から生じた亀裂を、オイケンは乗り越えようとした。

3.1 経済的秩序、所有、計画化

一般化された抽象の方法とは異なる「遊離的(重点高揚的)抽象」の方法を頼りに、オイケンは経済的秩序の反復的形態を歴史のなかで識別しようとした。そして、中央指導経済と流通経済という対立する「純粋型」の形態論を引き出した。中央指導経済は、経済単位のリーダーが活動を計画する単純中央指導経済と、管理機構が計画化をになう中央管理経済という2つの形態に分けられる。流通経済にも、物々交換経済と貨幣経済という2つの形態がある。2つの大きな型と、それぞれの形態は、さらに(理念的な)下部型に細分される。たとえば、流通経済では、市場の様々な形態がある。そして、歴史的に存在した諸経済システムのはなはだしい多様性は、限られた数の経済秩序の純粋型が様々に組み合わされた結果である。

オイケンにとって、経済秩序を区別する主要基準は、所有ではなく、計画する権力(使用権)の配分である。したがっ

て，ソビエト・ロシアでは生産手段は集団的所有であり，ナチス・ドイツでは私的所有であったが，両者は，中央指導経済の2つの型を構成する。経済システムに関する理論を，所有基準を重視する理論とコーディネーション基準を重視する理論とに分けるならば，オイケンはあきらかに後者に属する。コルナイは，（フォン・ミーゼスに遡るオーストリア学派の伝統に従って）所有基準の優位を保持しつつ，この2つの基準を，結合しようとした (Kornai, 1992)。

3.2 競争的秩序の保証人としての国家

フライブルグ学派のオルド自由主義は，「市場秩序の番人」として国家をみなす点で，マンチェスター学派の自由主義とは異なる（また，国家を，進化によって構築される自生的秩序とみなすハイエクの考え方とも異なる）。経済諸主体の自由を重視しつつも，オイケンは，秩序を生み出す，経済の立憲的ルールを強調する。この秩序のなかで，経済諸主体の自由は，適切な仕方で展開しうるのである。この点では，ハイエクの理論との並行性が見られるが（ハイエクは1950年代，フライブルグ大学の教授であった），オイケンは，ハイエクから見ると「自由設計主義」と呼べるような方向性をもつ[19]。ハイエクは，市場秩序の条件として，長期の進化によって形成された「正義に適うルール」を重視するのであるが，オイケンは，競争的自由を存立させ維持する前提条件として，国家による立憲的ルールの意図的な制定を強調する。

オイケンによると，経済的社会的秩序は，ルールや制度にもとづくものである以上，秩序政策は，法的制度的枠組みを中心とする政治であり，それは「制度的政治」と呼べるものである。所有権を保証するだけの国家の下では，競争は自生的には発展しえないだろうし，維持されえないだろう。すなわち，競争それ自体が，独占化傾向や利益集団によってむしばまれていくだろう。競争の成立と持続を保証することは国家の役割である[20]。

3.3 立憲的原理と調整的原理

流通経済秩序は，オイケンによると望ましい形態であるが，それゆえ自生的には形成されない。それは法治国家によって創設され保護されねばならない。「秩序の政治」は，立憲的原理と調整的原理とに区別される諸原理のヒエラルキーから出発しなければならない。「立憲的原理は経済的構成体の原理である。それを，具体的な歴史的状況に対して，共通に適用することで，経済的秩序が生まれる諸条件が作り出され，確固たる経済的秩序（あるいはシステム）が構成される」(Eucken, 1952, p. 289)。立憲的原理としては次のようなものがある。固定的ルールにより貨幣の安定性を保証するための貨幣政策の優先，開放的市場，私的所有，契約の自由，企業や家計の（無制限の）責任，経済政策の安定性などである。調整的原理は立憲的原理に従属すべきものである。たとえば次のような例がある。独立的な独占監視機関を通じて実施され

る，独占やカルテルと戦うための政策，一種の再分配として機能する累進的税制，負の外部性の修正，労働市場の管理などである。

「社会的市場経済（*Soziale Marktwirtschaft*）」というドイツ的考え方は，より広い再分配形態の許容によって含みをもたせながら，オルド自由主義的伝統を延長したものである[21]。近年，欧州憲法条約草案は，主としてアングロサクソン的出自をもつ現代の経済的新自由主義の影響力と，（ドイツのオルド自由主義を超えた）社会的市場経済の影響力とがぶつかる焦点となった。ヴァンバーグ（Vanberg, 1994）によると，フライブルグ学派は，ある面では，自由の精神にもとづき立憲的ルールに合理的選択ルールを適用したブキャナン［Buchanan Jr., James McGill, 1919–，公共選択論の提唱で知られる米国の経済学者，財政学者］の立憲的経済学の先行者である。

原註
15) ヴェブレンは，設計主義者と呼ぶことはできないが，しきたりに対する批判者のひとりに数えられるだろう。
16) ハイエクは「複雑な現象の理論」（Hayek, 1967 b, p. 26）において「創発」概念に言及した。この概念は中心的概念であり続けるが，ハイエクの自生的秩序の理論においては暗黙的なものにとどまる。
17) ハイエクの「社会的正義」概念への批判（Hayek, 1976）のひとつの根拠はこの点にある。
18) ハイエクの理論のなかで，オーストリア学派内部もふくめて反論がもっとも多い概念のひとつが，この社会的な群選択である。幾人かの論者は，この概念は方法論的個人主義に反すると考えている。
19) 1960年頃までのハイエクは，比較的かなり「設計主義的」な自由主義の支持者であった。したがって，あらゆる介入主義の拒否を

II オーストリア学派とオルド自由主義　79

　　　強調する 1970〜80 年代の著作よりは，当時のハイエクの著作には，ドイツのオルド自由主義との一種の親近性が見られる。なお，ハイエクは，『法と立法と自由』(1979) においては，自由の立憲的モデルを提示した。
20)　ワルラスも同様な理論を作った。「社会において経済的な自由競争を成立させ維持することは立法の役目であり，国家に属する非常に複雑な立法の役目である」(Walras, 1898, p. 476)。
21)　ハイエクの自由主義は，「社会的」という「ひねくれた用語」を，誤謬と混同の源泉とみなして，その使用に反対する。同様に，社会的市場経済に対しても，「社会的正義の幻影」に対しても反対する (Hayek, 1976)。

III 新制度派経済学

1. ウィリアムソンとガバナンス・メカニズム

　オリバー・ウィリアムソンは「新制度派経済学」の命名者である (Williamson, 1975, p. 1)。1990年代以降，様々な学派が注目するようになった「新制度派経済学」は，制度が重要であるという考え方をもつ。また，標準的経済理論［新古典派経済学］を修正しさえすれば，それを使って制度を分析することができるという考え方をもつ。ウィリアムソンの『市場と企業組織』という著作ではじめて使われた「新制度派経済学」という表現は，おそらくアメリカの「旧制度派経済学」とのなんらかの関係を示している。しかし，新制度派経済学は旧制度派経済学に対して批判的であり，この批判の大半は新古典派の伝統のなかにある批判である[22]。

1.1 市場，企業，取引コスト

　新制度派経済学において，制度が導入される重要テーマのひとつは，**組織**（とくに企業であり，ウィリアムソンの用語

によるとヒエラルキーである）というテーマである。のちに有名になった論文において，コースは，伝統的経済学において企業の存在が説明されていない点を指摘した (Coase, 1937)。コースはこの説明を「価格メカニズムを利用するのに要するコスト」あるいは「市場が機能するのに要するコスト」を使っておこなった。すなわち適正価格の探索や個々の契約交渉には，このようなコストがかかる。このコストが高いとき，個人は企業のなかで働くことを選択するだろう。すなわち自身のサービスや生産物を直接的に市場で売るよりも，経営者の権威という傘の下に自発的に入る。こうして，「市場取引は排除され，市場および交換取引の複雑な構造は，生産を管理するコーディネーターとしての企業に置き換えられる。これがまさに生産のコーディネーションのための代替的方法であるということはあきらかである」(Coase, 1937, p. 46)。この場合，企業は市場に取って代わり，価格決定に要するコストを節約することができる。しかしながら，企業規模が大きくなるにつれて，監督コストや管理コストの上昇という逆の動きがめだつようになる。

　以上が，ウィリアムソンが発展させた「取引コスト」概念の本質的基礎である。基本的分析単位としての「取引」は，コモンズから借りた概念であることは明白であろう。ウィリアムソンによると，主要な「資本主義の制度」は市場とヒエラルキー（会社，企業）である[23]。さらに，この2つに加えて，企業間の持続的な諸関係からなる「混合形態」（下請け，提携，様々な協力などの関係的契約）がある[24] (Williamson,

1975)。ここで問題となるのは組織の「選択」の問題である。各種の取引は，市場によっておこなわれるのか，ヒエラルキーによっておこなわれるのかという問題である。これらの諸制度は，ウィリアムソンによれば，代替的な「ガバナンス構造」［組織の統治ないし支配構造］である。

1.2 ガバナンス様式の比較効率性

ウィリアムソンの制度的分析の中心は，経済のミクロまたはメゾ・レベル［ミクロ・レベルとマクロ・レベルの中間］において，組織諸形態の（静学的）効率性を市場と比較することである。ウィリアムソンは，この組織諸形態を「制度配置」［複数の制度の集合］としてとらえる。より広範な諸問題（慣習，法，政治）は「制度的環境」に属しているのであるが，実際に，ウィリアムソンがおもに研究するのは，組織を中心とする制度経済学である。ウィリアムソンは市場それ自体も制度とみなしているが，この点に関する分析は実際には展開していない。

ウィリアムソンは，コースから始まる企業の存在に関する考察を引き継いでいる。かれの歩みは，新古典派の伝統に通じる批判が重要であるということを示唆する。かれは次のように新古典派の仮定のいくつかを問題にする。かれは，隠喩として，「最初は市場が存在した」と仮定し，そのうえで，取引コストの重要性のために，市場から分化する形で企業があらわれたと考える（Williamson, 1975）。生産コストしか考慮

しない新古典派理論においては，取引コストは考慮されない。またウィリアムソンは，みずからを新古典派から区別するために，「限定合理性」［人間は完全に合理的な存在ではなく，視野や合理性には限界があるという見方］という概念（部分的にサイモンにもとづく概念である）と機会主義［情報の非対称性や偏在を利用して，自己利益を追求する戦略的行動］という命題も利用する。つまり「ホモ・コントラクチュエル（契約人）」は，みずからの利益を守るために嘘をついたり欺いたりすることもあるという点で，ホモ・エコノミクス（経済人）とは区別されるのである。「人的資産の特殊性」が重要であることに加えて，取引コストが様々な点で重要となる本質的根拠はここにある。また，これらの諸仮説は，新古典派の諸仮説との違いとして提示されている。

しかし，効率性によるアプローチという新古典派的仮説を，ウィリアムソンは保持し続ける。「本質的には取引コストの節約［削減］を実現するために組織の多様性が出現するという反証可能な仮説を，取引コストの経済学は支持する」(Williamson, 1985, p. 349)。したがって，ウィリアムソンは，ヒエラルキーを権力に関わる事象として説明するマーグリンなどのラディカル派経済学［1960年代半ば，既存の経済学が高度資本主義社会の諸矛盾に無力であることに反発して登場した経済学。マルクス再評価の思潮とも連動している］とは，明確に距離をおく。「従来の理論では，経済制度は，階級利害，技術，独占力などにもとづいて説明された。このような理論とは逆に，取引コスト・アプローチの主張は，制度は取引コストを節約する

という主目的と効果をもつということである」(Williamson, 1985, p. 1)。とりわけ,ウィリアムソンは,サイモンの**限定合理性**,つまり諸主体が情報にアクセスする際や情報を処理する際にぶつかる限界を重視する。ただし,ウィリアムソンは,サイモンが「満足化」原理［一定の達成要求水準を設定し,それが達成できさえすればそれ以降は代案の探索や評価をおこなわないという行動原理］を使って,新古典派の最大化仮説を批判している点については採用しない。たしかに,取引コストの最小化は,まさに,節約する (economizing) ということを意味しており,（広義の）最大化原理に属していることは明白である。

ともあれ,1990年代以降,取引コストにもとづく非常に多くの研究が,ウィリアムソンの新制度派経済学に依拠して,展開された。

1.3 新制度派経済学の中間的位置

新制度派経済学を総括する論文のなかで,ウィリアムソンは,新制度派経済学が属する2つの理論レベル（次ページの表のレベル2と3）をあきらかにした (Williamson, 2000)。新制度派経済学は,頻繁にくりかえされる取引に妥当すると考えられる新古典派経済学（レベル4）と,数世紀単位の事柄を扱う歴史学や社会学など「社会理論」（レベル1）とのあいだに位置する。次の表は,取引コスト理論は新古典派理論に,より近いことを示している。一方,所有権理論は社会理

ウィリアムソンによる制度経済学の分類

理論	レベル	制度変化の周期	目的
レベル1 社会理論	埋め込み：インフォーマルな制度，慣習，伝統，規範，宗教	100〜1000年	しばしば計算ずくでない。自生的である。
レベル2 所有権理論/実証政治学	制度的環境：フォーマルなゲームのルール，とくに所有（さらに政治，司法，官僚制度）	10〜100年	制度的環境の整備。レベル1の秩序の節約。
レベル3 取引コスト理論	ガバナンス：ゲームをプレイする手法，とくに契約（さらに取引にともなうガバナンス構造）	1〜10年	ガバナンス構造の整備。レベル2の秩序の節約。
レベル4 新古典派理論/エージェンシー理論	諸資源の分配と利用（価格と数量；インセンティブの調整）	持続的	限界的条件の整備。レベル3の秩序の節約

出所：Williamson (2000).

注：「節約 Economizing」は，実際には，効率性の論理，および「計算ずくの合目的性」に帰着する。ウィリアムソンは3つのレベルの節約を区別し，各レベルに応じて節約という概念を，（フォーマルな）制度的環境，ガバナンス構造（制度配置），および限界的条件に対して適用している。また，ウィリアムソンによると，レベル1で起きる変化は自生的であり，他方，レベル2，3，4での変化は意図的である（メンガーの用語では，レベル1の制度は有機的であり，レベル2，3，4の制度は実用主義的である）。

論に近いと見られている。あとで紹介するノースの理論は，この表に直接的には示されていないが，論理的に見れば，それはレベル1と2に位置する。比較的長期の制度進化を考慮しているということに加え，ノースの理論はいくつかの点で，新古典派理論からの距離が，取引コスト理論よりも大きいからである。

2．ノース：フォーマルな制度とインフォーマルな制度

ダグラス・ノースは，次の点で，とくに重要な「新制度派経済学」者である。彼の経済史研究は，歴史に関する数量的方法（「クリオメトリックス」［計量経済史］）を重視し，個人の効用最大化という合理性にもとづく効率性という問題を重視しながらも，新古典派的立場から根底的な進化を遂げた。かれは，制度の重要性を発見し，新古典派的伝統から徐々に離れていき，その限界を批判するようにもなった。1990年代からは，独自の制度理論を展開し，異端派の制度経済学のテーマや概念とノースのそれとのあいだの境界は，かなり不鮮明になってしまった。

制度に関するノースの著作

『制度変化とアメリカの経済成長』 *Institutional Change and American Economic Growth*, (with L. Davis), Cambridge, Cambridge University Press, 1971.

『西欧世界の勃興：新しい経済史の試み』 *The Rise of the Western*

> *World: A New Economic History*, (with R. Thomas), Cambridge, Cambridge University Press, 1973（速水融・穐本洋哉訳，ミネルヴァ書房，1994）
>
> 『経済史の構造と変化』*Structure and Change in Economic History*, New York, W. W. Norton & Co., 1981.（中島正人訳『文明史の経済学：財産権・国家・イデオロギー』春秋社，1989）
>
> 『制度・制度変化・経済成果』*Institutions, Institutional Change and Economic Performance*, Cambridge, Cambridge University Press, 1990.（竹下公視訳，晃洋書房，1994）
>
> 『経済変化過程を理解する』*Understanding the Process of Economic Change*, Princeton, Princeton University Press, 2005

2.1　新古典派の限界

　ノースが保持しようと考える新古典派理論の諸側面は次の通りである。希少性の公準すなわち競争の公準，制約の下での選択の概念，ミクロ経済理論（価格理論）および相対価格効果である。他方，新古典派的伝統の誤りは，ノースによれば次の点にある。第1に，新古典派は制度と時間を無視する。第2に，取引コスト，観念とイデオロギーの役割，および経済に対する政治過程の役割を軽視する。第3に，新古典派の合理性概念は「解体」すべきものである（North, 1994）。ハーバード・サイモンを参照しながら，ノースは大部分の経済的選択や政治的選択にともなう不確実性の状況に言及しつつ，個人の知識の限界，および情報処理能力の限界を強調する。しかし，ウィリアムソンと同様に，ノースは実際には，個人の効用最大化志向は保持しようとする。つまり，決定に直面

する個人の「満足化」行動つまり非最大化行動に関するサイモンの命題を，ノースは無視しているのである[25]。

2.2 フォーマルな制度，インフォーマルな制度とそれらの履行

「制度は人間によって作られた制約であり，人間の相互作用を構造化する。それはフォーマルな制約（ルール，法律，憲法）とインフォーマルな制約（行動規範，慣行，自己に課す行為コード）とそれらの履行（enforcement）に関する特性からなる」(*ibid.*, p. 360)。この定義に関して，以下のような点が強調に値する。**制約**という概念の採用，フォーマルな制度とインフォーマルな制度との区別，さらに，この2種の制約が作用する様式や適用（履行）される形式の違いの考慮，という諸点である。ノースは，制度の性格を説明するために，(スポーツの)「ゲームのルール」の比喩を使うが，ゲーム理論とはまったく異なる視角でそれを使っている。

1990年の著作以降，次のように，ノースはしだいに信念の構造の役割を強調するようになる。合理性に関する新古典派の仮説は疑わしいが，その理由は「観念，イデオロギー，神話，ドグマや偏見が重要であるということを歴史が証明している」(*ibid.*, p. 362)からである。制度と同じくイデオロギーも「共有されたメンタル・モデルの階層」としてとらえることができる。不確実性が大きい状況においては，選択に直面した個人は，メンタル・モデルの助けを借りて，試行をお

こなう。そして諸個人間のコミュニケーションが，共有されるメンタル・モデルを作り出す。さらに，これは「共進化の過程におけるイデオロギーと制度の創出」(Denzau, North, 1994) につながる。このようなノースの考え方について，読者は，制度は共有される思考慣習であるというヴェブレンのテーゼが再発見されているという印象をもつかもしれない。

　2005年の著作でノースは，本質的に認知的なアプローチによって，経済変化を分析しているが[26]，そこでは，旧制度学派との並行性は，ときに明白なものとなっている。その例として，試行ルールと計算プロセスは制度構造のなかに内在しているという考え方が挙げられる。「合理的選択に関して起きることの大部分は，個人の認知に属することではなく，むしろ，もっと大きな社会的制度的コンテキストのなかへの思考過程の埋め込みに属しているのである」(North, 2005, p. 24)。

2.3　権力と効率性

　ノースは初期の著作では，制度に関して新古典派アプローチを採用していた。新古典派アプローチでは，制度は経済的問題に対する効率的な解である。徐々の進化を経て，ノースはこのような考え方を明確に放棄し，さらに，それをひっくり返して，それ以降は，制度は現実には権力にもとづくと主張するようになる。「制度は必ずしも，社会的に効率的であるように作られるものではないし，ましていつもそのように

Ⅲ 新制度派経済学 91

作られるものではありえない。むしろ，少なくともフォーマルなルールについては，新たなルールを作るための交渉力をもつ者の利益に役立つように作られる」(North, 1994, p. 360-361)。その結果，経済市場が効率性の諸条件を満たすことは例外的でしかない。他方，「政治市場」については，そのようなことはけっしてありえない。ここでは，公共選択理論の影響が感じられるが，しかし，ノースは，インフォーマルな制度を無視しているとして公共選択理論を批判する。ただし，それでもなお，ノースにとっては，企業家や「依頼人」は合理的に効用最大化をおこなう者であり続けている点は記しておこう[27]。

効率性というテーマに関して，ノースは，新古典派的伝統ではパレート最適条件によって規定される分配的効率性と，**適応的効率性**とを区別する。ノースは，適応的効率性という概念をネルソン＝ウィンターやペリカン (Pelikan, Pavel) の進化経済学［シュンペーターやヴェブレンにもとづき経済システムの進化を重視する経済学の潮流として存在していたが，Nelson and Winter (1982) によって理論的基礎づけがおこなわれて以降，めざましく発展している］から借用し，この概念を，時間を通じた経済の進化を条件づける諸ルールに適用する。言い換えると，ノースはこの概念をマクロ的歴史的レベルに移しかえる。「長期的成長の鍵は，分配的効率性よりも適応的効率性である。成功した政治的・経済的システムはフレキシブルな制度構造を発展させている。このフレキシブルな制度構造のおかげで，システムは，成功的進化にともなうショックや変化に

耐えて，生き延びることができるのである。しかし，このシステムは長い熟成期間を経て作られたものである。短期間で適応的効率性を作り出す方法をわれわれは知らない」(North, 1994, p. 367)。

2.4 組織と制度

旧制度学派とは逆に，ノースは制度と組織の区別が重要だと主張する。「制度がゲームのルールだとすれば，組織および組織内の企業家はゲームのプレーヤーである」。ルールはゲームをプレイするしかたを定義する。一方，各チームは，このルール集合のなかで，戦略，コーディネーション，能力，フェアーな手段やアンフェアーな手段を用いて，勝利を得ようとする。組織は，目標を達成するという共通の目的によって結びつけられた諸個人の集合であり (North, 1990, pp. 4-5, 邦訳 p. 5)，政治組織，経済組織，社会組織，教育組織などに区分される。それらは学習の場でもある。

ノースによると組織と制度との間の相互作用が重要である。制度の枠組みは，作り出される組織のタイプやその進化の条件となる。逆に，組織は制度の変化の源泉となる。「作り出される組織は，制度のマトリックスが生み出す諸機会を反映するようになる。制度の枠組みが詐欺行為に対して報酬を与える場合は，詐欺的組織が作られるだろう。制度の枠組みが生産的行為に対して報酬を与える場合は，生産的活動に従事するための組織すなわち企業が作られるだろう」[28] (North,

1994, p. 361)。実際つねに,制度は2つの対立するインセンティブをあわせもつ。この矛盾する2つの次元のうちどちらが優勢かに関して,歴史と状況がもつ含意を知ることが重要である。制度の枠組みは「生産性を高める活動を促進する制度と,参入障壁を作ったり,独占的な制限を奨励したり,低コストの情報の流れを妨げたりする制度との混合」である (North, 1990, p. 64, 邦訳 p. 87)。したがって既存の制度は,既存の組織あるいは新たな組織を作ろうとする企業家が利益を得る優遇措置や機会を決定づける。逆に,組織は,確立された枠組みのなかで進化していくが,この枠組みを修正しようとすることもある。この「フィードバック・プロセス」は決定的である (*ibid.*, p. 7, 邦訳 p. 9)。制度と組織という2つのレベルの区別によってのみ,このことはよく理解できる。

2.5 制度の変化

ノースの制度の理論には混沌とした側面もあり,それによって理論の首尾一貫性はときに低下する。たとえば,ノースの理論では,制度の変化をもたらす原因は次のように多様である。相対価格や選好の変化,組織やそのなかの企業家,あるいは,権力保持者や国家の活動,さらに,信念やメンタル・モデルの進化などにこの原因があるかもしれない。これらすべてのケースで歴史的に優勢なのは,漸進的なタイプの制度変化である。大規模で根底的な制度変化は,戦争,征服,革命や自然災害のケースに限られ,かなりまれである。こう

してメンタル・モデルは，長期間にわたり，漸進的，ダーウィン的な形で進化するという傾向をもつ。この漸進的進化は，大きな変化の短期的挿話的出来事のあとに続いて起きる。このようなタイプの進化はグールドとエルドリッジの「断続平衡説」［生物の進化が一定の速度で進むのではなく，急速な変化が短い期間に突発的に起こるという考え方で，Stephen Jay Gould と Niles Eldredge が 1972 年に提唱した］を想起させる（Denzau et North, 1994）。結局，制度変化の過程で作用する因果の連鎖は次のようになる。

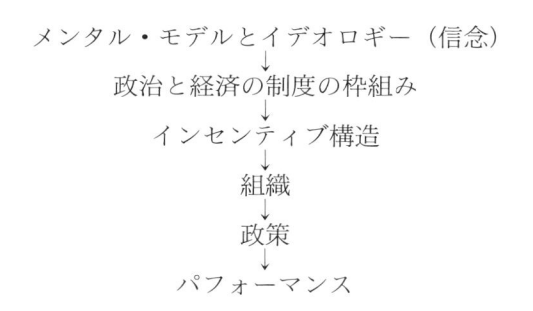

メンタル・モデルとイデオロギー（信念）
↓
政治と経済の制度の枠組み
↓
インセンティブ構造
↓
組織
↓
政策
↓
パフォーマンス

出所：Denzau et North (1994); North (2005)

　フォーマルな制度とインフォーマルな制度とは，同じ時間性に従って変化するわけではない。フォーマルな制度については急速な変化や突然の変化が比較的容易であるが，インフォーマルな制度は非常に漸進的にしか変化しない。革命的な転換が，けっして，革命の支持者が願うほど革命的にはならない理由はここにある。また，ある国のフォーマルな制度の

他の国への移転や模倣が,期待された結果を生まない理由もここにある。「このように,インフォーマルな規範や履行メカニズムが異なるために,別の国のフォーマルな制度を採用した経済のパフォーマンスは,この別の国とは違った特徴をもつことになる。したがって,西洋の市場経済において成功した政治的経済的なフォーマルなルールの,第三世界や東欧への移転は,良好な経済パフォーマンスのための十分条件とはならない」(North, 1994, p. 366)。

ノースは,歴史的事例として,ラテンアメリカ諸国がアメリカ憲法をいくつかの修正つきで採用した例を挙げる。また,西洋諸国の成功体験にもとづいて,その所有権法を第三世界諸国が自国に移しかえた例を挙げる。このようなフォーマルなルールの移転にもかかわらず,履行のメカニズム,インフォーマルな行動規範,行為者の主観モデルは,異なったままであった。したがって,このような混合的なインセンティブ構造は,移転元の国と同様のパフォーマンスを生み出すことはできなかった。また同一のフォーマルなルールを適用した結果は国によって非常に多様であることが判明した (North, 1990, p. 101)。

2.6 制度のマトリックスと経路依存性

諸制度は,ある時代のある国で継承される歴史的な集合体である。これは「制度のマトリックス」と呼ばれる。(制度的な) 収穫逓増に示されるように,制度のマトリックスは組

織と個人のインセンティブを条件づけるとともに，最終的には，当該の国民経済の「パフォーマンス」に影響を及ぼす。ノースは，とくに，様々な経済間で比較される長期的成長に関心を抱いた。近代史が証明するように，制度変化の国民的軌道および相対的なパフォーマンスはきわめて多様である。実際，この軌道は，組織と制度の間の複雑な相互作用から生じる「経路依存性」［ある時点以降の発展経路がそれ以前の発展経路の影響を受けること］や「ロックイン」［初期の事情によって選択された方式や制度をその後も変えられないこと］という現象によって特徴づけられる。相対的に不効率な経路が，十分に長い歴史的期間にわたり永続することもある。ノースによると，これは歴史においてかなり頻繁に起こるケースでさえある。一方，持続的累積的成長という経路は，好ましい「ロックイン」[29]としてありえるが，むしろそれは例外的である（*ibid.*, pp. 7-9）。歴史的に条件づけられたネットワーク外部性，組織の学習過程，および諸個人がもつ主観的モデルを通じて，経済がたどる軌道は，固定化する傾向をもつ。

2.7 制度とパフォーマンス

制度のマトリックス（あるいは制度諸形態）と中長期のマクロ経済的パフォーマンスとが関連をもつという考え方を，現代の多くの制度主義が共有している。ノースは，制度とパフォーマンスとのあいだのおもな媒介となるのはインセンティブであると考える。制度のマトリックスは経済制度に限定

されるのではなく，政治制度や司法制度もふくむ。各経済に固有で，相互に依存するフォーマルなルールとインフォーマルなルールの総体が，歴史的な経路に依存するその経済の進化の条件となり，また，長期的成長に関するそのパフォーマンスの条件となる。

その際，政治システムは決定的な役割を果たす。というのは政治的次元において，フォーマルな経済的ゲームのルールが作り出され，その適用形態が左右されるからである。使用権，収益権および資産の譲渡可能性を定義する所有権法はフォーマルな経済制度の中心にある。確実で明確に定義された所有権法を作り出した政治システムは西洋の繁栄の源泉であった。それゆえ，ノースは所有権理論の中心命題を次のようにとらえる。「**効率的な**所有権を作り出し，尊重させるインセンティブを内包する政治システム（政治組織）を通じて，われわれは効率的な制度を獲得する」(*ibid.*, p. 140, 邦訳 p. 186)。しかし，ノースは，ここでは，適応的効率性よりも分配的効率性を問題にしているという点に留意する必要がある。

『経済史の構造と変化』(1981) において，ノースは，16〜18世紀の経済発展に関して，とくに，一方でのフランスとスペイン，他方でのイギリスとオランダの，相異なる軌道を研究した。前者の2国では，国家の絶え間ない歳入要求の結果として，ギルドや会社には独占権が与えられ，私的所有権は侵害された。それはフランスの経済の停滞とスペインの衰退とをもたらした。逆にイギリスとオランダにおいては，私的所有権の保護のおかげで，効率的な取引を促進するイン

センティブを生み出す制度の集合が，商人階級の利益のために作り出された。さらに，この私的所有権への各国家の取り組み方は，植民地にも伝わった。ラテンアメリカのスペインとポルトガルの植民地は，平均以下の発展軌道のなかに閉じ込められた。他方，北アメリカのイギリス植民地は持続的成長を遂げた。

このような対照的な進化は，ソビエト連邦崩壊に至るまで，現代史において，何度も繰り返されてきた。「オランダのように，生産性を高める活動を促進する制度的インセンティブを経済が提供するときに，成長は生み出された。経済の集権的な政治的コントロールや独占的特権の結果として，生産的活動に従事する意欲が妨げられた結果として，衰退が起きた。失敗の数は成功の数をかなり上回る。人間組織における失敗に向かう持続的な傾向を反映して，経済成長は例外であり，停滞と衰退が常態であった」(North, 2005, pp. 134-135)。

3．ゲーム理論と比較制度分析

近年，主流派経済学が制度を再発見する道筋となったのは，ゲーム理論である。当初，ゲーム理論は，合理的主体，功利主義，および効用最大化を仮定していたので，経済学の標準的パラダイムのなかに位置していた。そして，ゲーム理論は方法論的個人主義の枠内で展開され，歴史や状況を考慮しない性格をもっていた。さらに，ゲームを構成する「ルール」は最初から所与のもの，つまり外生的なものと考えられてい

た。

しかし、古典的な囚人のジレンマの例から出発したゲーム理論は、「コーディネーション」や「協力」を中心的テーマとすることによって、また進化過程を含意するくりかえしゲームを考慮することを通じて、しだいに、制度の問題に関わるようになっていった（Walliser, 1989）。ゲームのルールと制度との類似性はしだいに認められるようになった[30]。なんらかのゲームがくりかえされるとき、プレーヤーたちは新たな暗黙のルール（rules of thumb）、規範、慣行や「制度」を、社会的合意にもとづいて発展させる傾向がある。これらは、そのプレーヤーのあとに続く世代にも伝えられる。したがってこのような制度は、「他の主体の行動に関する情報を提供するメカニズム」（Schotter, 1981）である。

しかし、このアプローチには、次のような大きな難点がある。ゲームの初期ルールは、最初から与えられたものであり、説明不能なものである。しかもこの初期ルールは、進化過程や学習過程を通じてあらわれる新たなルールの条件となる。したがって、スーパーゲームやメタゲームを導入しない場合には、制度の生成の説明は、循環論になってしまう（Field, 1994）。このことは、ルールのヒエラルキーや歴史性という概念の欠如につながる。しかもスーパーゲームやメタゲームを導入するとしても、それは問題を別の場所に移すことにしかならない。

新古典派から生まれて、新古典派のいくつかの仮定を変更し、拡張し、および批判することによって発展してきた「新

制度派経済学」のいくつかの潮流に対して，ゲーム理論は重要な影響を及ぼした。またいくつかの特定の経済状況を説明するための，本質的に論理的な考察の一環として，ゲーム理論は，歴史的な経験や歴史的な制度に適用されることもある。それがまさに，主として青木昌彦とグライフが展開した「比較制度分析」である。比較制度分析の目標は，歴史的な制度や国民的システムを比較することである。比較制度分析は，このような目標に関してはノースの理論と近いが，ゲーム理論に依拠する点ではノースとは異なる。

3.1 青木昌彦：共有予想としての制度

青木昌彦の理論は，ゲーム理論の意味での均衡としての制度というとらえ方にもとづいている[31]。ゲームとのアナロジーから出発するアプローチとしては次の3つが挙げられる。第1に，幾人かの論者は，制度をプレーヤー（大組織）として見る。第2に，ゲームのルールとして制度をとらえる論者もいる（ノース，ハーヴィッツ）。第3に，ゲームの均衡の結果として，またはゲームの予想（belief）として制度をとらえる論者がいる（ショッター，グライフ，ヤング，そして青木自身）。青木によると，この第3の，均衡としての制度という概念は，内生的なものとして，制度の起源や制度の履行を考察することを可能にする点ですぐれている（Aoki, 2000, p. 141）。しかし，フィールド（Field, 1979）が示したように，われわれは，制度がまったく無いゲームや，純粋に技術

的なルールから構成されるゲームのモデルを考えることはできない。実際，あらゆるゲームのモデルは，明示的あるいは非明示的に，過去に確立された人間の諸制度を前提にしている。その結果，青木が認めるように，ゲーム理論が制度分析の基礎に置かれるようになればなるほど，それを補完するものとして，歴史的な情報や比較情報の助けを求めなければならない。

「制度とは，ゲームがいかにプレイされるかに関して，集団的に共有された予想の自己維持的システムである。その実質は，特定の均衡経路の際立った，普遍的な特徴を縮約して表現したもので，その領域におけるほとんどすべての経済主体によって自分たちの戦略選択に関連があると認知される。そのようなものとして，制度は経済主体たちの戦略的相互作用を自己拘束的に統治する一方，不断に変化する環境の下でかれらの実際の戦略選択によって再生産される」(Aoki, 2001, p. 26, 邦訳 p. 33)。アプリオリには様々な均衡がありうる。青木によると，「共有予想」としての制度というとらえ方は次のような多くの側面をもつ。1）制度は内生的である。つまり，制度は，持続的均衡を作り出そうとする諸主体の相互作用から生じる。2）制度は諸情報を縮約したものをあらわす。3）制度は頑健であり，環境の不断の変化を生き延びる。4）多数の諸主体の目で見て，制度は普遍的妥当性を有する。5）経済および社会の様々な領域において存在しうる制度は複数である。

制度として認識される均衡は，最終的には，コード化され，

明示的に表現される。しかし，このコード化形態は，諸主体が集団的にそれを信じる場合にしか，制度としての性格をもたない。したがって，法制化された法や規則であっても，もしそれが守られない場合は，制度ではない。たとえば，ある財の輸入を国家が禁止したとしよう。しかし，税関職員に賄賂を贈ることが，この法律をくぐり抜けるのに役立つと人々が信じたとすると，この贈賄行為が蔓延するだろう。このとき，効力のない法律ではなく，贈賄行為を制度としてとらえるべきである（Aoki, 2000, p. 13）。

比較制度分析に関する青木の著作では，様々な社会における多数の過去や現在の事例（たとえば，シリコン・バレー・モデルや日本のメインバンク・モデルなど）が研究されている。そして，国民経済という枠内での，あるいはひとつの経済の一定の領域内での**制度補完性**［経済システム内部の複数の制度が相互に支えあい，個々の制度の有効性が他の制度の存在によって強化されていること］を青木は強調する。「ひとつの財取引（所有権）のガバナンス・メカニズムの有効性（または存在）は，同一領域または同一経済にある特定のメカニズムの存在（制度化）によって，直接的または間接的に，強化されうる」（Aoki, 2001, p. 87, 邦訳 p. 98）。にもかかわらず，補完性は制度配置の最適性を意味しないし，また，各制度にとって必然的な最適性も存在しない。

現代の制度経済学の多くの潮流と同様に，青木にとっても，様々な諸国の制度的多様性は，グローバル化傾向によって，消されるものではない。逆に，理念的な効率性条件からは離

れているとしても，この制度的多様性は次のような意味で有益である。多様な諸制度が，競争的あるいは補完的な仕方で，相互作用するので，国民的な諸条件が，グローバルな環境や技術的な環境の変化に適応し続けることができるのである。ただし，この適応は経路依存的である。「こうしてわれわれは，超国民的な制度のもつ重要性が高まる一方で，地域的，一国的，地方的な諸制度の多様性が進化する，というグローバルな制度配置の二面的傾向を観察することになるだろう。しかしながら，世界経済を予測不可能なショックに対して頑健なものにするとともに，世界経済の環境変化に対する革新的適応を可能にするのは，そうした多様性にほかならないと考えられる」(*ibid.*, p. 393, 邦訳 p. 429)。

青木は，次ページに示す総括表において，3つのグループの制度配置モデルを比較し，制度配置の補完性を強調している。参照基準として採用された純粋理論的モデルである第1グループは，ワルラス的新古典派モデル（W）と，グロスマン，ハート，ムーアの所有権モデル（HM）からなる。第2グループは，情報通信革命以前における典型的な国民モデルであるアメリカモデル（A），ドイツモデル（D），日本モデル（J）からなる。情報通信革命の時代に出現しつつある2つのモデルを含む第3グループは，シリコン・バレー・モデル（SV）と，グローバルあるいは超国家モデルからなる。

制度的連結（補完性）

領域 モデル	コーポレート・ガバナンス	金融制度	労働・雇用制度
W（ワルラス型）	企業家コントロール	セリ人	
HM（ハートとムーア型）	所有者コントロール（HM型企業）	活発な資産市場	効率性賃金
A（アメリカ型）	経営者コントロール	証券化（コーポレート・コントロールの市場）	雇用官僚制/職務コントロール型組合主義
D（ドイツ型）	共同決定	コミットした株主	コーポラティズム的規制
J（日本型）	状態依存型ガバナンス	メインバンク・システム	企業レベルの人事管理
SV（シリコン・バレー型）	トーナメントによるベンチャー・キャピタル・ガバナンス	ベンチャー・キャピタルによる段階的ファイナンス, IPO市場	スタートアップ企業の短いライフサイクルによる高いモビリティ
GL（グローバル型）	市場によるモニタリング	グローバルな企業資産市場	クロスボーダー競争

出所：Aoki, 2001, p. 379, 邦訳 p. 412-3, ただし，いくつかの列は省略。

のいくつかのモデル

生産物市場/産業制度	供給関係	社会的埋め込み/規範/価値	国家
セリ人		功利主義	自由主義
	補完的な物的資産の統合		（自由主義）
規制された寡占的市場	垂直統合	様々な共同体	代議的民主主義
能力を付与された事業者団体	自律的なサプライヤー	産業市民権	社会契約的コーポラティズム
業界団体	サプライヤー系列	社会的地位の階層化	官僚制多元主義
クラスタリング・スタンダード設定機構	ファブレス企業	専門家的共同体，企業家のトーナメント	起業家友好的
戦略的提携，e-コマース	A&D，オンラインでの部品購入	様々なNGO	多層化

3.2 グライフのルール,予想および組織の結合

「歴史的比較制度分析」の主唱者であるアブナー・グライフは,これを,旧制度派経済学の進化論的観点と,主として意図的に作られた制度を考察する新制度派経済学の観点とのあいだの溝を埋める手段としてとらえている[32] (Greif, 2006, p. 153)。

グライフはとくに自生的**結果**である諸制度や,外部の制裁に依存しないという意味で**自己制裁的**である諸制度に関心をもつ。かれが提唱するアプローチでは,「歴史的過程」を考察し,ゲーム理論の研究と実証的,歴史的な比較分析とを結びつける (Greif, 1998)。たとえば,グライフは,11～12世紀に地中海交易をともに担った,個人主義的な文化をもつジェノヴァの商人と,より集団主義的な文化をもつマグリビ人(イスラム世界内のユダヤ人)とを比較する。マグリビ人は共同行動を保証するために共同体のコミュニケーション・ネットワークを発展させたが,結局,民族的系統が異なる商人たちとの関係を保証するためには,限定的な有効性しかもたなかった。他方,ジェノヴァの商人は,コミュニケーションのレベルを限定したうえで,相互監視メカニズムを作った。このメカニズムは既存の協定を維持したり承認したりするためのフォーマルな政治的組織に発展し,取引の拡大にとって,より有益であることが判明した。最終的にジェノヴァの商人はマグリビ人に取って代わった。グライフはこれだけでなく,次のこともあきらかにした。マグリビ人の社会組織と今日の

発展途上国の社会組織は類似しており，一方，ジェノヴァの商人の社会組織は，西洋の歴史において支配的な諸制度と似ている。したがって，文化的価値は制度に影響をおよぼし，その結果，パフォーマンスに影響をおよぼす (Greif, 1994 a, 1994 b)。

ノースと違って，結局，グライフは，システムとしての制度という包括的な定義を提唱する。それは，ルール，予想および組織をふくむ。「制度は，行動の規則性を共同で生み出す社会的諸要素のシステムである。この諸要素は人間によって作り出されるので，また，それは非物理的なものであるので，さらに，行動する際にその影響を受ける**各**個人にとっては外生的なものであるので，この諸要素は社会的である。ひとつの制度を構成する様々な諸要素は，とくにルール，予想，規範および組織は，社会的状況のなかで技術的に実行可能な多くの行動のなかからひとつの行動を個人が採用する際に，個人を動機づけ，助け，導く」(Greif, 2006, p. 383)。この総合的な見方の多くの事例は，次の表に示されている。

システムとしての制度

ルール	組織	予想と内面化された規範	もたらされる行動の規則性
道路交通ルール	交通管制当局，交通取締当局	他の運転者や取締当局が特定の仕方で行動するという予想	ルールに従った運転
総額，払い方，見返りなど，贈賄を取り締まるルール	国家行政，警察，裁判所	収賄に対する行政，警察，裁判所の反応によって，不利益が生じないという予想。贈賄は自分の利益を推進するための低コストの手段であるという予想	腐敗
クレジット・カードの使用ルールと違反者の訴追	クレジット会社，司法当局	カード保有者の信用度を確認すること，法的制裁を課すこと，クレジットの違反歴を残すことに関するクレジット会社の能力についての予想	売り手とカード保有者との間の一般的な非現金取引
メンバー，非メンバー別の行動と協力ルール	ニューヨークのユダヤ商人のコミュニティ	不正行為者を罰すること，不正行為者に利益をあたえないことに関するコミュニティ・メンバーの能力と動機に関する予想	法的契約を交わすことのない取引

| 森林を破壊しないための行動ルール | なし | 森の神の報復に関する内面化された予想 | 森林破壊の回避 |
| アメリカにおける，奴隷を合法化し，統制するルール | 白人コミュニティ，州と連邦の立法者，南部の法的権威 | 奴隷を正当化する内面化された規範。他の白人，黒人，法的権威の行動に関する予想 | 奴隷制 |

出所：Greif (2006), p. 38

原註

22) 旧制度派経済学は非理論的傾向あるいは反理論的傾向をもっていたという見方は新制度派経済学内では支配的である。「新制度派経済学」という表現は，旧制度派経済学と区別するためであるとコースは考える。「ジョン・R・コモンズ，ウェズレイ・ミッチェル，およびかれらにつながる人たちは大きな知的スケールを有していた。しかしかれらは反理論的であり，事実上分裂した学派を統一するための理論をもっていなかった。またかれらは伝えていけるものをほとんどもっていなかった」(Coase, 1998, p. 72)。

23) 近年，コース自身が次のように述べている。経済学者の研究の中心にある制度は「経済システムの制度的構造をともに形成する企業と市場である」(Coase, 1997, p. 10)。

24) ウィリアムソンはのちに，（国家の）「官僚機構」を，この最初の3つに付け加える。ウィリアムソン (1996, p. 4-5) は「ガバナンスの制度（市場，ハイブリッド，ヒエラルキー，官僚機構）」に言及し，異端派の制度理論に接近している。異端派の制度理論では，市場，組織，国家のネットワークを結合した，資本主義的コーディネーションの複合的モデルが見られる。

25) サイモン (1987) にとって，個人は目標の最大化をめざすのではない。最大化の前提となるのは，代替案に関する包括的知識，関連する情報を処理する高い能力，また，選択をおこなうために必要な大きな時間的余裕である。現実には，個人は，自身の目標の追求において（最大化ではなく）「満足化」水準で満足する。この水準に到達したとき，個人は代替案を探すことをやめる。

26) ノーベル賞受賞演説において,ノースは「認知的制度的アプローチ」(North, 1994, p. 365) に言及した。
27) 『経済史の構造と変化』(North, 1981) において,すでにノースは次のように述べている。「制度は,ルール,遵守手続き,行動規範および道徳の集合である。これらは,支配者(依頼人)の富や効用を最大化することをめざし,個人の行動を束縛するために考案される」(North, 1981, p. 202)。したがって,制度の効率性という命題の放棄は,最大化行動を再検討することを意味しない。したがって,限定合理性へのノースの依拠は全面的なものではない。
28) このような対概念は,略奪行為と製作行為というヴェブレンの対概念を想起させる。
29) 経路依存性という概念は,ブライアン・アーサーから借りたものであり,ロックインという概念はポール・デイヴィッドから借りたものである。技術変化を考察するために作り出されたこれらの概念は,ノースによれば,制度変化の理論化に対しても,あきらかに妥当する。ただし,制度変化は,政治組織が果たす本質的役割のせいで,技術変化よりも複雑であるという差異もある。
30) ハイエクの『致命的な思い上がり』(1988) には,「ゲーム,ルールの学校」と題する付録がある。それによると,ゲームは「次のようなプロセスの明確な例である。そのプロセスの内部で,異なる目標あるいは対立する目標を追求する構成員たちが共通のルールに従うことが,一般的秩序に通じる」(p. 209)。
31) ゲーム理論では,ナッシュ均衡は,もし他のプレーヤーが以前の戦略を維持するならば,どのプレーヤーも単独では(他のプレーヤーとの協力なしでは)自分のポジションを改善できない状況として定義される。新古典派内部でも,いくつかの面で,ナッシュ均衡概念は,ワルラスから始まりパレート最適をともなう一般均衡概念に取って代わった。
32) グライフによると,新制度派経済学は機能主義的である。なぜなら,新制度派経済学は,なんらかの機能を満たすために,未来を志向する諸個人によって,意図的に制度が作り出されると仮定するからである。機能の例としては,不確実性を縮減すること,集団の厚生を最大化すること,あるいは取引コストを最小化することがある。機能主義的説明は,制度の起源に関わるメカニズムと,想定されるその効果を示す場合にしか,説得力をもたない。

Ⅳ　現代ヨーロッパの諸学派

1. レギュラシオン理論：歴史的なマクロ経済学

　フランスのレギュラシオン学派は，1970年代以降に発展した，異端派の理論潮流であり，あきらかに制度主義の理論系譜に属している。この学派の主要著作は次の表に示してある。

レギュラシオン学派の主要著作

M. アグリエッタ『資本主義のレギュラシオン理論』M. Aglietta, *Régulation et crises du capitalisme*, Calman-Lévy, 1976 (2e ed., 1982; rééd. augmentée, Odile Jacob, 1997)（若森章孝ほか訳，大村書店，1989年，増補新版，2000年）

R. ボワイエ／J. ミストラル『蓄積，インフレ，危機』R. Boyer, J. Mistral, *Accumulation, inflation, crises*, PUF, 1978 (2e ed., 1983)

A. リピエッツ『危機とインフレの原因』A. Lipietz, *Crise et inflation, pourquoi?*, La Découverte, 1979

R. デロルム／C. アンドレ『国家と経済』R. Delorme, C. André, *L'État et l'économie. Un essai d'explication des dépenses publiques en France*, Seuil, 1983.

A. リピエッツ『魔術をかけられた世界：価値からインフレ高進へ』A. Lipietz, *Le monde enchanté. De la valeur à l'envol inflationniste*, La Découverte, 1983.

R. ボワイエ『レギュラシオン理論』R. Boyer, *La théorie de la régulation: une analyse critique*, La Découverte, 1986. （山田鋭夫訳，藤原書店，1992 年）

B. コリア『逆転の思考』B. Coriat, *Penser à l'envers*, Christian Bourgois, 1991. （花田昌宣・斉藤悦則訳，藤原書店，1994 年）

B. テレ『政治的秩序の経済的レジーム』B. Théret, *Régimes économiques de l'ordre politique: esquisse d'une théorie régulationniste de l'État*, PUF, 1992. （神田修悦ほか訳『租税国家のレギュラシオン』，世界書院，1992 年）

R. ボワイエ／Y. サイヤール『レギュラシオン理論：知の総覧』R. Boyer, Y. Saillard (dir.), *Théorie de la régulation: l'état des savoirs*, La Découverte, 1995 (2e ed., 2002).

F. ロルドン『経済学の求積法』F. Lordon, *Les quadratures de la politique économique*, Albin Michel, 1997.

R. ボワイエ／R. ホリングワース『現代資本主義：制度の埋め込み』R. Boyer, R. Hollingsworth (eds.), *Contemporary Capitalism: The Embeddedness of Institutions*, Cambridge University Press, 1997. （第 1 章の翻訳は，長尾伸一・長岡延孝編監訳『制度の政治経済学』木鐸社，2000 年に所収）

B. ビヨド『レギュラシオンと成長：歴史的制度的マクロ経済学』B. Billaudot, *Régulation et croissance. Une macroéconomie historique et institutionnelle*, L'Harmattan, 2001.

M. アグリエッタ／A. ルベリュ『金融資本主義の漂流』M. Aglietta, A. Rebérioux, *Les dérives du capitalisme financier*, Albin Michel, 2004.

R. ボワイエ『レギュラシオン理論：1．基礎理論』R. Boyer, *Théorie de la régulation. 1. Les fondamentaux*, La Découverte, 2004 a.

R. ボワイエ『資本主義の理論は可能か』R. Boyer, *Une théorie du*

capitalisme est-elle possible?, Odile Jacob, 2004 b.（山田鋭夫訳
『資本主義 vs 資本主義：制度・変容・多様性』，藤原書店，
2005年）
B. アマーブル『五つの資本主義』B. Amable, *Les cinq capitalismes. Diversité des systèmes économiques et sociaux dans la mondialisation*, Seuil, 2005.（山田鋭夫・原田裕治ほか訳，藤原書店，2006年）
P. プチ『諸国民の富と成長』P. Petit, *Croissance et richesse des nations*, Paris, La Découverte, 2005.

1.1 歴史的な資本主義の制度諸形態

レギュラシオン理論［régulationは通常「調整」という訳語をあたえられている］は，資本主義を，2つの基礎的諸関係にもとづく生産様式ととらえる，マルクス主義の伝統を失っていない。この2つの基礎的諸関係とは，分業という枠組みのなかで分離されてはいるが相互に依存している商品生産者たちからなる市場関係および，賃労働関係ないし資本労働関係である[33]。しかしながらレギュラシオン学派は，利潤率の傾向的低下といった，生産様式における内在的諸法則ないし不可避の諸傾向という命題を拒絶している点で，伝統的なマルクス主義とは異なっている。マルクスが強調したように，たしかにシステムのダイナミズムは資本蓄積にもとづいているが，このダイナミズムは，予測可能な合目的性をもつわけでもなければ，連続する必然的諸段階をもつわけでもない。むしろ，このダイナミズムは，相異なる歴史的様相をともなう可能性がある。こうした**蓄積体制**はまさしく歴史的な諸制度の構図

にもとづいており，この構図は，それぞれの時代において，上記の2つの基礎的諸関係がまとう国民的諸形態に依存している。中期の歴史区分での国民的経験を分析するための，控えめな図式には，次ページの表に示す5つの「制度諸形態」が含まれている。重要なのは，この諸形態を，各国の政治史に依存する社会的闘争と妥協の結果として，国民的ではあるがときに外国の影響下にも置かれる枠組みのなかで作り上げられる，相互依存的な総体と理解することである。

こうしたアプローチにおいては，諸制度は本質的に，二重の意味で，「媒介的」レベルにおいてとらえられる。第1に，制度は，すべての歴史的な資本主義経済に共通している2つの抽象的関係と，所与の国や特定の時代における経済的諸関係が作り上げた具体的な諸形態とを，媒介するレベルでとらえられる。言い換えると，ここで重要なのは，5つの領域のなかに見られる相互依存的な諸制度の総体から定型化される表象である。この5つの領域が国民的経済システムの包括的表象である。第2に，制度は，長期の歴史と直近の情勢とを媒介するレベルでとらえられる。それゆえ蓄積体制とレギュラシオン様式は一般に数十年規模で有効なのである。このようにして，19世紀以降現在に至るまでの国民的資本主義における進化の多様性をあきらかにし，きわめて重要な比較の次元を備えた，歴史的な制度経済学があらわれる。

レギュラシオン理論に対して第2の影響をおよぽしたのはケインズのマクロ経済理論であり，より正確にはケインズの教えといくつかのマルクスの命題とを結合しようと試みたポ

国民経済における5つの制度諸形態

1. 貨幣制約の諸形態（貨幣・金融体制）
2. 賃労働関係の構図（労働編成，熟練のヒエラルキー，企業における賃労働者の動員とその配置，直接的・間接的な賃金所得の形成，賃労働者の生活様式）
3. 競争の諸形態（たとえば，競争的体制，独占的体制，管理された競争体制など）
4. 国際体制への参入の様態
5. 国家の諸形態（たとえば，限定国家や挿入国家など）

これらの形態は資本主義における2つの基礎的諸関係が歴史的に「コード化されたもの」と理解されている（1, 3, 4, は市場関係がコード化されたものであり，2. は賃労働関係がコード化されたものである。5. は市場と賃労働という二つの関係から結果としてもたらされるコード化に関わっている)。

出所：Boyer, Saillard, (2002), Billaudot, (2001), Boyer, (2004a).

スト・ケインズ派の理論である（Lavoie, 2004）。たとえば資本蓄積の問題は所得分配と，とりわけ賃金と利潤の関係と結びつけて把握されているし，総供給・総需要の調整という問題とも結びつけて把握されている。特定の**蓄積体制**と**レギュラシオン様式**の媒介によって，歴史的制度的な構図と所与の成長形態との直接的に結びつきが探求できるようになる。蓄積体制は規則的な成長の図式に対応し，レギュラシオン様式は，そのような体制を「支え，操縦」し，「経済のアクターたちがシステム総体の調節原理を内面化する必要性がなくても，あれこれの分散的意思決定の総体が動態的に両立するよう保証する」，社会的手続きや行動を表現している（Boyer, 1986, pp. 54-55, 邦訳 pp. 87-88)。

フォーディズム的蓄積体制は1950年代から1970年代にか

けて，先進諸国において相対的に安定した高い成長を経験した例外的な時代に重きをなしていた。このフォーディズム的蓄積体制は，特殊な，自国民に中心を置いた制度諸形態の配置にもとづいていた。たとえば，通貨体制は信用にもとづいていたし，賃労働関係はテーラー主義的労働編成［テーラー (F. W. Taylor) が提唱したものであり，現場労働者の職務の単純化と細分化および計画業務の管理者への集中，すなわち「実行と構想の分離」を基本原理とする］，生産性上昇益の労働者への分配，大量消費の拡大という特徴をもっていた。また競争形態は寡占的であり，国家は，社会保護を拡大する「挿入国家」であった。

　（ダグラス・ノースの新制度学派のように）制度主義の様々な潮流が，諸制度と経済成長様式とのあいだにはある関係が存在していると主張している。なかでも，レギュラシオン学派はそうした関係の決定過程の研究に努めているもっとも抜きん出た学派のひとつである (Boyer, 2004 a, Petit, 2005)。

　レギュラシオン派は新古典派の伝統に対してあきらかに批判的な立場にたっており，またかれらは総じて，ドイツ歴史学派やアメリカの制度主義の理論系譜とは距離を置いている[34]。というのは，新古典派がドイツ歴史学派やアメリカの制度主義に投げかけている慣例的（かつ異論の余地がある）批判，つまり本物の理論的土台もなく，むしろある種の叙述的な歴史社会学を構築しているのだという批判を避けるためである。しかしながら，「理論と歴史を結びつける」，とりわけ**アナール**学派の研究と結びつけるというレギュラシオン学

派が掲げた野心は，歴史学派のプログラムを連想させずにはおかない。また，レギュラシオン学派はオーストリア学派の経済自由主義を拒絶してきたのであり，オーストリア学派の伝統とはいかなる関係も見いだせない。

1.2 諸制度と制度化された妥協

　経済および歴史のメゾ・レベルで諸制度を把握するならば，それは本質的に，対立する社会諸集団のあいだで「制度化された妥協」として作り上げられたものであり，この妥協は「権威主義的な制度化や公共秩序」とは別のものである(Delorme, André, 1983)。したがって新しい制度の出現は危機，闘争，戦争の結果として生じる。この新しい制度は，政治空間が妥協の形成や正統化（あるいは異議申し立て）におけるきわめて重要な場所であり続ける限りにおいて，国家・国民という枠組みのなかで実行される[35]。たしかに他国の制度ないし組織形態の影響や輸入はまれではないが，制度は総じて国民的構図という制約を通じて変形されるようになる。重要なのは，制度や組織の**ハイブリッド化**の過程である（Boyer, 2004 b, p. 197）。ここでは，たとえばヴェブレンやノースの研究に頻繁にあらわれていた，制度主義的命題がふたたびとりあげられているのである。

1.3　資本主義の多様性，補完性と階層性

　近年 M. アルベールの著作が刺激となり，数多くの制度経済学の研究が，資本主義における多様な国民的形態の比較という古いテーマを深化させた（このテーマはすでにマルクス，ドイツ歴史学派，ヴェブレン，さらに近いところではノースにおいても見られる）。こうした研究によって，グローバル化，収斂，アメリカモデルの影響等々をめぐる現代的論争のなかにこのテーマが復活している（Berger, Dore, 1996 ; Boyer, Hollingsworth, 1998 ; 青木，2001 ; Hall, Soskice, 2001 ; Crouch, 2005）。いくつかの類型論はむしろ二元論的である。たとえば，アルベールはラインモデルとアングロ・サクソンモデルを比較しているし，ホールとソスキスは自由市場経済とコーディネートされた市場経済とを比較している。他方で，比較分析の対象に応じて，歴史的あるいは現代的なモデルにおけるより大きな多様性を主張している研究者たちもいる。実のところこれこそレギュラシオン学派の研究者たちにほかならない。

　『五つの資本主義』のなかで，ブルーノ・アマーブルが強調しているのは，制度の補完性と階層性が資本主義の諸モデルの多様性を説明するというものである（Amable, 2005, p. 23, 邦訳 p. 28）。（青木が展開した概念に近い）かれの補完性の概念は次のような意味をもつ。「あるエリアにおける制度の存在やその特定形態が，別のエリアでの別の制度，機能，効率性を強化する」（*ibid.*, p. 83, 邦訳 p. 84）。しかしながら，この補完性は相対的に見て一時的，偶然的なものであるかもしれな

い。かれの階層性の概念によれば，ひとつないし複数の制度が所与の歴史的構図のなかで特殊な役割を果たしている[36]。こうしたことにもとづいて，アマーブルは現代資本主義を5つの型（ないし理念型）に区別する。すなわち市場ベース型資本主義，社会民主主義型資本主義，アジア型資本主義，大陸ヨーロッパ型資本主義，地中海型資本主義，がそれであり，それぞれの型は複数の国民的実例をカバーしている。

1.4 危機

レギュラシオン理論の独自性は，危機を発見することの重要性を強調し，資本主義の危機に関する次のような類型を提示している点にある。つまり，所与のレギュラシオン様式の枠組みにおいて内生的に吸収される傾向にある小危機，制度諸形態のはっきりとした変化がなければ解決策は見いだされない大危機ないし構造的危機がそれである。この類型は，外生的ショックに応じて，さらに，高まる深刻さの度合いに応じて区別され，さらに洗練されうる。たとえば，レギュラシオン様式内部の循環的危機，レギュラシオン様式の危機，蓄積体制の危機，生産様式の危機，がそれである（Boyer, 1986）。中期的な歴史的展望のなかで，諸制度，成長の様態，危機の形態のあいだでの複雑な相互作用が強調される。

制度的枠組みと経済成長の様態とのあいだで反復性をもつ因果関係が作用する。レギュラシオン・アプローチは「制度化された妥協が，まず外延的蓄積体制［生産性上昇率が低く，

経済成長がおもに労働時間の外的延長や雇用の外的拡大に依存するマクロ経済体制］，次に内包的蓄積体制［高い生産性上昇にもとづくマクロ経済体制］，さらに大量消費をともなう内包的な蓄積体制，すなわちフォーディズムをいかにして作り上げてきたのかをあきらかにした。逆の関係もまた分析に値する。つまり経済的諸進化は諸制度を作るのである。**構造的危機**は制度諸形態を再構成することによって克服される。この制度諸形態は，通常，すでに生じている不均衡を緩和し，これらの不均衡が引き起こした社会的・政治的対立に対応するという二重の役割を果たす」(Boyer, 2004 b, p. 27)。マクロないしメゾの歴史的水準でとらえられる制度的変化は，結局，所与の構図における緊張から生じる。この緊張は，経済危機の状況，この危機から生じる対立，さらには集合的アクター間での力関係の漸進的修正を通じて発生する。

　ノースの新制度派経済学は，「パフォーマンス」を事実上経済の長期的成長率に還元してとらえているが，「パフォーマンス」の概念に関してレギュラシオン・アプローチが重視するのは，むしろ制度的構図の「生存能力」という問題である。この生存能力は危機を克服する相対的能力をあらわす。この能力に関しては，著しい多様性が強調される。こうした生存能力は必然的に歴史的時期に応じて制限され，おそらく遅かれ早かれ構造的危機によって再検討に付されるであろう。たとえば，**内的物質代謝**（Lordon, 1994）ないし「みずからに固有な内的ダイナミズムの影響による発展様式の転換」は制度変化の主要な源である。このことは「考察される時間規模

が長くなるほどいっそうあきらかになる」(Boyer, 2004, p. 197)。

2．コンヴァンシオンの経済学：ルールを解釈する

　コンヴァンシオンの経済学は，1980年代から，経済学と社会学の狭間で発展してきたフランスの学派である。この学派は，制度主義的諸概念に属するとされる諸ルールの理論を作り上げている。

コンヴァンシオン経済学の主要著作

R. サレ／L. テヴノ『労働：市場，ルール，コンヴァンシオン』
　　R. Salais, L. Thévenot (dir.), *Le travail: marché, règles, conventions*, Economica, 1986.
J-P. デュピュイほか「コンヴァンシオンの経済学」J.-P. Dupuy, F. Eymard-Duvernay, O. Favereau, A. Orlean, R. Salais, L. Thévenot, 《L'économie des conventions》, *Revue économique*, vol. 40, n°2, mars 1989
L. ボルタンスキ／L. テヴノ『正当化について：規範的秩序のエコノミー』L. Boltanski, L. Thévenot, *De la justification. Les économies de la grandeur*, Gallimard, 1991.（三浦直希訳『正当化の理論：偉大さのエコノミー』新曜社，2007年）
B. レイノ『賃金，ルール，市場』B. Reynaud, *Le salaire, la règle, le marché*, C. Bourgois, 1992.
R. サレ／M. ストーパー『生産の世界：フランスの経済的アイデンティティに関する調査』R. Salais, M. Storper, *Les mondes de production. Enquête sur l'identité économique de la France*, Editions de l'EHESS, 1994.

> A. オルレアン『コンヴァンシオンの経済分析』A. Orlean (dir.), *Analyse économique des conventions*, PUF, 1994, 2ᵉ ed. 2004.
> R. サレほか『制度とコンヴァンシオン』R. Salais, E. Chatel, D. Rivaud-Danset (dir.), *Institutions et conventions: la réflexivité de l'action économique*, Editions de l'EHESS, 1998.
> A. オルレアン『金融の権力』A. Orlean, *Le pouvoir de la finance*, Odile Jacob, 1999.（坂口明義・清水和己訳，藤原書店，2001年）
> L. ボルタンスキ／E. シャペロ『資本主義の新しい精神』L. Boltanski, E. Chiapello, *Le nouvel esprit du capitalisme*, Gallimard, 1999.（一般的序論の第1節のみ『思想』2005年10・11月号に訳載。）
> P. バティフリエ『コンヴァンシオン理論』P. Batifoulier (dir.), *Théorie des conventions*, Economica, 2001.（海老塚明・須田文明監訳『コンヴァンシオン理論の射程：政治経済学の復権』昭和堂，2006年）
> B. レイノ『経済ルールとその利用』B. Reynaud, *Les règles économiques et leurs usages*, Paris, Odile Jacob, 2004.
> O. ファヴロー／E. ラゼガ『経済組織におけるコンヴァンシオンと構造』O. Favereau, E. Lazega, eds., *Conventions and Structures in Economic Organization: Markets, Networks and Hierarchies*, Edward Elgar, 2002.
> F. エイマール・デュヴルネ『企業の政治経済学』F. Eymard-Duvernay, *Économie politique de l'entreprise*, Paris, La Découverte, 2004.（海老塚明ほか訳『企業の政治経済学：コンヴァンシオン理論からの展望』ナカニシヤ出版，2006年）

　コンヴァンシオン派の起点は，デイヴィッド・ルイスの哲学的著作『コンヴァンシオン』(Lewis, 1969) ならびに根本的不確実性を特徴とする経済のなかでコンヴァンシオン［慣

行]が果たす本質的役割についてのケインズの命題であり、ともにゲーム理論とはかなりかけ離れている。コンヴァンシオン派は標準的理論（新古典派）と区別されるだけでなく、とりわけウィリアムソンの新制度派経済学を含む、「拡張された標準的理論」からも区別される (Favereau, 1989)。ウィリアムソンは、ハーバート・サイモンの**限定合理性**［人間は完全に合理的な存在ではなく、視野や合理性には限界があるという見方］を部分的に採用しているが、個人の最適化仮説は放棄していない。逆に、コンヴァンシオン派は、行為ルールへの依拠を意味する、**手続的合理性**［利用可能な知識と計算手段には限界があるので、人間は手続きのうえで合理的に自己の決定をおこなうという見方］についてのサイモンの考えを考慮していることを認める。しかしながら、コンヴァンシオンの経済学は、異端派の制度主義におけるさらにホーリズム的なアプローチに反対し、方法論的個人主義を保持することにこだわっている。つまりコンヴァンシオン経済学のアプローチはミクロを重視し、その関心をとりわけ組織においているのに対して、ホーリズム的なアプローチはマクロを重視し続けている。ただし、異端派のあいだでは、方法論的個人主義とホーリズムの単純な対立が還元主義的性格をもつことについては原則的な合意が存在している[37]。

2.1 制度としてのコンヴァンシオン

コンヴァンシオン的な考え方への最初のアプローチは、社

会的ルールの部分集合をとりあげることにある。このことは，もしかするとノースが言うある種のインフォーマルな諸制度を想起させるかもしれない。コンヴァンシオンとは「特殊なルールの型である。このルールにはある種の恣意性が刻み込まれており，それは多くの場合，法的承認を受けていないものであったり，その起源がよくわからないものであったり，相対的に漠然としか定式化されていないものであったり，さもなければときに詳細ではあっても公式には定式化されていないものであったりする」(Favereau, 1999, p. 166)。コンヴァンシオンの戦略的アプローチは，個人の実質的（あるいは最善の場合で限定的）合理性を保持しつつ，しかしルイスに続いてゲーム論を採用するというものである。それによって，コンヴァンシオン学派は，コンヴァンシオンの規範的次元，表象の重要性，合理性の手続き的な性質を強調する「解釈学的アプローチ」を提案する (Batifoulier, de Larquier, 2001, p. 22)。

　フォーマルなルール，たとえば法のルールは，このように厳密な意味で考察されるコンヴァンシオンに属していないのであるが，広い意味でのコンヴァンシオンはきわめて広大な領域をカバーしている。というのは，広い意味でのコンヴァンシオンは必ずフォーマルなルールをともなっており，フォーマルなルールは元々不完備なものであるからである。したがってコンヴァンシオン的なルールは社会的ルール全体の下位群であるだけでなく，2つの別の下位群，すなわち契約的ルールと法律のような強制的ルールとの結合にも関係する (Biencourt, Chasserant, Rebérioux, 2001, p. 213)。

標準的経済学は契約が**不完備**であることを認めており，契約は形式的にも明示的にも将来の契約不履行の危険性すべてをカバーすることができない。実際，組織におけるフォーマルなルールないし成文化された法律のルールでさえ，不可避的に不完備性を有する。したがってコンヴァンシオンの次元は，狭い意味でのコンヴァンシオンのルールに加えて，フォーマルなルールも含む，あらゆるルールの働きのなかに存在している。

2.2 個人間のコーディネーション：解釈の場所

ゲーム理論は諸個人の行為のコーディネーションというテーマをふたたび活性化した。しかしそれは技術的ないし社会的分業という枠組みのなかで自律的であると同時に相互依存的な諸個人ないし諸企業のコーディネーションという古典的伝統の意味においてではなく，(「ゲーム」により）規定された局所的な相互作用に向き合っている功利主義的な合理的諸個人のコーディネーションという意味においてである。コンヴァンシオンの経済学は，総じて局所的なアプローチを保持しながら，こうしたコーディネーションのテーマ体系を発展させているが，大きな野心も保持しており，次のようなことも主張する。第1は，すべてのコーディネーションの基礎であるルールの**コンヴァンシオン的な性質**ないし次元についてであり，第2は，もっぱらみずからの利益を追求するのではなく，諸行為の**正統性**をも気にかける個人によるルールの**解**

釈が果たす役割についてである。

　「経済学における認知論的転回」に続いて、コンヴァンシオン・アプローチは、社会諸関係における個人的・集団的表象を強調する。個人は功利主義的な計算をおこなう主体ではない。かれは他者とのコーディネーションや「共通善」に関する規範的な目標をみずからの行動のなかに取り込んでいるのである。とはいえこの共通善の性質については議論の余地があり、行為の空間、「共有空間（cité）」、様々な正統性の原則にも、依存している［すでにある邦訳では「シテ」ないし「市民体」と表記されているが、本書では読みやすさを優先して「共有空間」とした］。

2.3　規範的秩序のエコノミー

　『正当化について』という著作において、ボルタンスキとテヴノは、社会に存在する6つの「共有空間」を区別している（Boltanski, Thévenot, 1991）。これら各々に付随しているのは、「公正である」ことあるいは正統であることという概念であり、個人の「規範的秩序」を形成しているものに対する評価である。競争や紛争を通じて、各々の共有空間は、みずからに固有な行為を上位の原理によって正当化しようとするのであり、このような共有空間による行為の正当化はひとつのコンヴァンシオンと解釈することができよう。このようなことからすれば、コンヴァンシオンによるコーディネーションは、討議ないし論争によって、実行される可能性がある。共有空

共有空間と規範的秩序

共有空間ないし共通世界	共通の上位原理	規範的秩序	規範となるもの
霊感的共有空間	霊感	奇抜さ，才能，創意	創造性の高さ
家内的・家政的共有空間	伝統，再生産	階層上の優位性	親方，主人，親
言説的共有空間	評判	名声	スター，オピニオン・リーダー
市民的共有空間	一般利害	共通善をめざして行動すること	集団的人格（政党，会社）
市場的共有空間	競争	他者が欲する財を所有すること	実業家，商売人，顧客，金持ち
産業的・工業的共有空間	効率性，パフォーマンス	熟練していること，実用的な方法を利用すること	職人，専門家，代表者

出所：Boltanski, Thévenot, (1991).

間は活動の範囲や環境ではない。というのも同一の活動領域のなかで様々な正当化の諸原理は結合するかもしれないし，あるいは対立したりするかもしれないからである。このようなことから強調されるのは，可能なコンヴァンシオンの複数性であり，正統なルールにもとづくコーディネーション形態の複数性である。

『資本主義の新しい精神』(Boltanski, Chiapello, 1999) において，コンヴァンシオン・アプローチはミクロ・レベルから，

いっそうホーリズム的で歴史的な次元をともなうマクロ・レベルに拡張されている。というのも、このアプローチにおいては、資本主義、その精神、その批判は、集団的なアクターとみなされるからである。1970年代以降フランスでは新しい共有空間が出現したとの判断が下されている。それは、ネットワークの考えと結びついた、プロジェクト志向の共有空間である。この共有空間において、上位原理はプロジェクトを管理する能力ないしプロジェクトに参加する能力であり、またプロジェクトの管理者ないしリーダーは規範的秩序の典型的な代表者である。新たな特徴、新たな妥協、新たなコンヴァンシオンが生み出されるのはまさしくこの共有空間からである。

2.4 コーディネーション形態の多元性

諸個人の行為のコーディネーションという中心的な問題に対して、コンヴァンシオン派の論者たちは多元論的図式を介して取り組んでいる。そこで明示的に参照されてはいないが、このような研究は、コモンズやポランニー、あるいは経済社会学のアプローチを想起させる。コーディネーションの様々な様式は、企業のような組織の内部で、あるいは経済全体のなかで共存しており、この様式が「ルールの均衡」と解釈されうる**妥協**の場をあたえる。重要な3つのコーディネーションの様式をとりあげて、ファヴローとテヴノはたとえば以下の表のようなコーディネーションにおける様々な次元を比較

コーディネーション様式を特定化する原則

コーディネーション様式	市場的	産業・工業的	家内的・家政的
1．評価様式（規範的秩序）	価格	パフォーマンス，効率性	評判
2．共有する対象	市場財	技術目標，方法，ノルム	特殊資産，遺産，しきたり
3．基本的関係	交換	機能的連関	信頼
4．適切な情報フォーマット	通貨	書類，測定可能性，統計	口述
5．（人の）参加形態	契約（「一回限り」スポット）	計画	約束
6．（人の）階層性	購買力	職能	権威
7．空間	不確定	デカルト的標定	一極的標定
8．時間	時間性をもたない	現在から未来へ	過去から現在へ
9．新たな目標の出現	交渉	イノヴェーション	年季

出所：Favereau, Thévenot, 1996.

している（Favereau, Thévenot, 1996）。

3. ホジソンと旧制度派経済学の刷新

　制度学派は1950年代以降，傍流の学派としてかろうじて生き延びていたにすぎないが，1980年代末頃，とりわけ1990年代に，その影響力が復活した[38]。こうした変化の原因として留意すべきは，支配的経済学およびその中核をなしている新古典派に対する幻滅である。とりわけ経済発展，資本主義経済における構造変化，ポスト社会主義の転換といった多様な諸問題について，制度主義的次元がますますあきらかになったのである。

　イギリスの経済学者ジェフリー・ホジソンは，みずからの著述活動ならびに進化論的制度主義学説史への独自な貢献を通じて，この刷新運動のなかで積極的な役割を担っている。ヴェブレンの理論系譜に位置しながら，かれは，広い意味での制度経済学が19世紀末以降，数多くの理論家ないし知的潮流にたいしておよぼした歴史的な影響を強調している。

3.1　実在と創発の多層化

　ヴェブレンのアプローチに従って，ホジソンは，ダーウィニズムは一般的方法として解釈されうるし，その有効範囲はたんなる生物学を遙かに超越していると主張している。ある種の人種差別理論ないしナチスの理論がダーウィニズムを参照していると自称したことなど，社会的ダーウィニズムに対

する不信のせいで，生物学からの命題ないし隠喩の借用にたいして，持続的で過剰な疑念が歴史的に生み出されてきた。実のところ，ダーウィンが提唱しているのは，ヴェブレンが活用した，「進化論的説明原理」と同じ，変異，遺伝，選択の三大原理である。この三大原理は様々な自然現象や社会現象にも適用されている。それぞれの学問領域に固有な補足的説明をともなえば，これらのダーウィン的原理は一般的有効性をもつ理論の中核であるとみなされるべきである。したがってダーウィニズムは社会・経済的現象を完璧に説明するものではないとしても，「ダーウィニズムは強力な存在論をふくんでいる。それは普遍的なメタ理論であり，その内部に特殊理論が挿入されるべきである。またダーウィニズムは，アナロジーの豊かな——さらには選択可能な——源泉である」(Hodgson, 2002, p. 278)。社会科学，とりわけ経済学の領域における進化論的思想の刷新は，「経済学に命を吹き込む (brings life back into economics)」かもしれない。つまり，還元主義に向かうことなく，第1に経済学の活性化，第2に，近代生物学から生まれたテーマとの再結合という二重の意味において，経済学に命を吹き込むかもしれない。

ホジソンによれば，関連する2つのテーマが，ヴェブレンに特徴的なこうした生物学との再結合の効力をあきらかにする。第1のテーマは，すべての自然的ないし社会的現実を組織する多くのレベルが存在するという考え方である。これをかれは多層的存在論 (multilayered ontology) と名付けて分析している。たとえば，物質レベル，分子レベル，有機体レベ

ル,精神レベル,個々の人間レベル,最後に社会レベルと続き,これらは相互に依存しているのである。「すべての事物はひとつのレベルに属し,各々のレベルは,一定の限度のなかで,相対的な自律性と安定性を有している」(Hodgson, 2004, p. 32)[39]。そして現実の諸レベルを区別するものは,上位のレベルに移行するなかであらわれる創発性にほかならない。質的な新奇性を意味する,**創発**の概念は第2の基礎的命題である。「ひとつの特性の存在と性質が下位のレベルにある実体に依存しているときに,この特性が下位のレベルにある実体の特性に還元されるわけでもなければ,そのレベルから予測されるわけでもない場合に,それは**創発**と呼ぶことができる」(*ibid.*, p. 32)。本源的な進化論的特徴をもつ制度経済学の諸帰結のなかで,とくに重要なのは,分析単位として制度を用いることが正当化されうるという点であり,マクロ経済学の根拠を「ミクロ経済学的基礎」に置こうとする新古典派の試みが還元主義的特徴をもっていることを示すことができるという点である (*ibid.*, p. XIX)。

3.2 進化論的制度学 (thesmology) に向けて

デュルケムは社会学を「制度の科学」と定義したのであるが,ホジソンは,経済学と社会学の領域を拡張することを提唱している。この拡張は経済的・社会的諸制度の研究,つまり**制度学**(thesmology:制度を意味するギリシャ語の *thesmos* に由来する言葉)のための特殊な学問を創造することにより

おこなわれる。こうした制度学の対象となるのは，社会生活の制度的素材を構成する規則，規範，構造の性質・形態・進化であろう (Hodgson, 2001, p. 349)。この制度学においては，政治的諸制度，諸組織等々の研究は下位の学問分野を構成することとなろう。

　ホジソンは，制度を社会的ルールと定義する点でノースに近いのであるが，制度のなかに組織を含めるオリジナルな制度主義に由来する広義の構想を保持している点で，ノースとは区別される。「諸制度は，すでに確立され埋め込まれている社会的ルールおよび慣習からなる持続性をもったシステムである。このルールや慣習が社会的相互作用を構造化する。言語，貨幣，法，度量衡のシステム，テーブル・マナー，企業（およびその他の組織）すべてが制度である。制度の持続性は，制度が他者の行動に関する安定的な予想を作り出せることにもとづく。一般に，諸制度は理路整然とした思考，予想，活動を可能にし，人間の諸活動に形をあたえ，首尾一貫性をあたえる。それらは思考や個々の活動に依存しているが，思考や活動には還元されえない」(Hodgson, 2003, p. 163)。組織について言うならば，それは，次のようなことを含意する特殊な制度にほかならない。第1に，組織の境界を確定し，組織の一員とそうではない人々とを区別する基準，第2に支配権を保有する明確な主権の原理，第3に組織内部の責任を決定する指揮系統である (Hodgson, 2006)。

3.3 再構成的な下向きの因果関係

ホジソンによれば,新制度派経済学は,諸個人,および諸個人の選好や欲求を所与とみなすという誤謬を新古典派経済学と共有している[40]。反対に,第1世代の制度主義の主要な貢献は,次のような考え方にある。諸個人間の相互作用はもちろん諸制度の形成を導くのであるが,それとは逆方向にこれらの制度は諸個人の合目的性や選好にも影響をおよぼす。「諸制度はたんに諸個人の活動に従属しているだけではなく,これらの活動を制約し,作り上げてもいる。こうしたポジティブ・フィードバックは,諸制度の自己強化的で自己維持的特徴をさらに強固にする」(Hodgson, 2003, p. 163)。個人の行動は,制度によって制約されると同時にそれの助けを受けるが,さらに制度は個人の願望に形をあたえ,それを修正する。下方から上方へあるいは上方から下方へ作用する因果関係の過程を区別して,ホジソンはこのような決定関係を,再構成的な下向きの因果関係 (reconstitutive downward causation) と呼んでいる。「社会構造に関わる因果的な力は,単に行為を限定し,制約するだけではなく,諸個人の基本的特性,能力,性向に影響をあたえ,またそれらを修正することもある。階層的に上位のレベルがこのようにして下位のレベルの構成要素に働きかけるときに見られるのは,「下向きの因果関係」の強力で特別な事例である。これをわれわれは**再構成的な下向きの因果関係**と呼ぶ。制度と呼ばれているのは,これらの特殊な社会構造であり,この構造は,諸個人に対して,実質

的で持続的で広範な，再構成的な下向きの因果関係の力をおよぼす」(Hodgson, 2004, p. 188)。

ホジソンのいくつかの重要な出版物

ジェフリー・ホジソンが編纂した論文集ないし著作

『経済学と生物学』 *Economics and Biology*, Aldershot, Edward Elgar, 1993.

『制度の経済学』 *The Economics of Institutions*, Aldershot, Edward Elgar, 1993.

『制度経済学・進化経済学ハンドブック』 *The Elgar Companion to Institutional and Evolutionary Economics*, Aldershot, Edward Elgar, 1994, 2 vol. (avec W. Samuels et M. Tool).

『進化経済学の基礎』 *The Foundations of Evolutionary Economics 1890-1973*, Aldershot, Edward Elgar, 1998, 2 vol.

『制度経済学・進化経済学読本』 *A Modern Reader in Institutional and Evolutionary Economics: Key Concepts*, Cheltenham, Edward Elgar, 2002.

『制度経済学の新展開』 *Recent Developments in Institutional Economics*, Cheltenham, Edward Elgar, 2003.

ジェフリー・ホジソンの著作

『経済学と制度』 *Economics and Institutions. A Manifesto for a Modern Institutional Economics*, Cambridge, Polity Press, 1988.（八木紀一郎ほか訳『現代制度派経済学宣言』名古屋大学出版会，1997 年）

『進化と経済学：経済学に生命を取り戻す』 *Economics and Evolution. Bringing Life Back into Economics*, Cambridge, Polity Press, 1993.（西部忠監訳，東洋経済新報社，2003 年）

『経済学とユートピア：社会経済システムの制度主義分析』 *Economics and Utopia. Why the Learning Economy is not the End of*

> *History*, London, Routledge, 1999.（若森章孝ほか訳，ミネルヴァ書房，2004 年）
>
> 『進化と制度：進化経済学と経済の進化』*Evolution and Institutions. On Evolutionary Economics and the Evolution of Economics*, Cheltenham, Edward Elgar, 1999.
>
> 『どのようにして経済学は歴史を忘却したか：社会科学における歴史的特性の諸問題』*How Economics Forgot History. The Problem of Historical Specificity in Social Science*, London, Routledge, 2001.
>
> 『制度経済学の進化：アメリカ制度主義における作用，構造，ダーウィニズム』*The Evolution of Institutional Economics. Agency, Structure, and Darwinism in American Institutionalism*, London, Routledge, 2004.

原註

33) ついでながら指摘しておくならば，マルクスを制度主義的理論系譜に属する人物であるとみなすこともできないわけではない。というのもかれにおいては，制度の概念は「関係」という独自な形態を帯びているからである。かれにとって資本主義における支配的制度とは，市場と賃労働という2つの関係の相互作用に基礎を置く，資本（「資本関係」）にほかならない（Chavance, 1996）。

34) しかしながら，テレは，コモンズの制度経済学とレギュラシオン理論とのあいだには親和性があると強調している（Théret, 2000）。社会科学，とりわけ経済学，社会学，政治学における現代制度主義の様々な学派間で「コモンズ的なもの」への収斂が起きていることについては Théret, (2000) を参照せよ。

35) ついでに指摘しておくならば，コモンズは国家を次のようにみなしていた。すなわち国家は「社会階級間で蓄積された妥協であり，私的所有の制度をもつ社会に暗に存在している，強制的諸要素のコントロールを，それぞれの階級はみずからに固有な利益のために確保しようとつとめる」（Commons, 1899-1900, p. 101）。

36) たとえば，「第 2 次世界大戦後，フォーディズムにおいては，その名前の由来となったフォードの妥協によって，賃労働関係がこの

役割を果たした。1990年代，この階層性は，別の領域において多くの進化を導きつつあった貨幣・金融体制のせいで逆転した」(Boyer, Saillard, 2002, pp. 563-564)。プティによれば，現代のネオリベラリズムとともに拡大したポスト・フォーディズム的な新たな階層性のなかで，むしろ競争形態こそが，賃労働関係に取って代わった (Petit, 2005)。

37) たとえば，レギュラシオン派の論者たちは，2つのレベルにおける発生と変化の時間性の違いを区別しつつ，諸個人の行為によって生み出される諸制度というマクロレベルと，現存の諸制度によって条件づけられている諸個人の行為というミクロレベルとを結びつける，「全体・個人主義」(holindividualisme) という総合的な考え方を提唱している (Boyer, Saillard, 2002)。

38) 経済思想史のなかで，偉大な著者ないし学派の思想の影響力がブランクを経てふたたび脚光を浴びるという意味で，知的循環が起こるということは珍しいことではない。もっとも顕著な例として，経済自由主義の学説が1940年代に衰退し1980年代に復活したことを挙げることができよう。あるいはまた，30年以上にわたって，シュンペーター，あるいはハイエクといった思想家たちの理論は，新たな発見や関心の対象となる以前に，ほとんど忘れ去られていたことも挙げることができよう。逆にケインズの理論は1940年代から70年代にかけて大きな影響を与えていたが，それ以降大いにその影響力を失ってしまった（それでもおそらく将来はカムバックするかもしれないのであるが……）。

39) とりわけバースカラ (Bhaskar, Roy) の哲学に触発された，こうしたアプローチは，『方法』のなかでエドガー・モラン (Morin, Edgar) が展開した観点を想起させる。

40) ホジソンは，ネルソンとウインターの進化経済学 (Nelson and Winter, 1982) は，まさに旧制度派経済学と明白に結びついており，ノースの著作 (North, 1990) と同様にハイエクの晩年の著作 (Hayek, 1988) も旧制度派経済学に近い，と指摘している (Hodgson, 1998, p. 77)。

V 制度主義の統一性と多様性

　様々な経済問題の検討からわかったのは，制度の重要性とその影響力を簡単に捨象することはできないということである。この命題は，実際，近代経済思想の始まりから，きわめて多くの学派や理論によって程度の差こそあれ認められてきた。とはいえ経済において制度が中心的役割を果たすということを明白に考慮し，それを理論化しようとつとめたアプローチ，すなわち制度経済学の理論系譜をなす様々なアプローチは，世紀の変わり目に，つまり19世紀末，20世紀初頭，20世紀末および21世紀初頭にとりわけ花開いた。この理論系譜は著しく多様であるが，中心となるいくつかの関心を共有していた。

1．主要な共通テーマ

　第1の共通テーマはもちろん，社会的活動の領域としての経済は根本的に「制度化されている」のであるから，科学としてのあるいは学問としての経済学は諸制度を考慮して研究しなければならない，という考え方である。したがって経済学は，その分野にとって外生的なものとしてではなく，内生

的なものとして制度を考察しなければならない。しかしながら，新古典派的パラダイムの影響下で，20世紀を通して事実上支配的であったのは，制度は外生的であるという見方である。新古典派的パラダイムのねらいは，とりわけ公理化および形式化によって，経済学を厳密な科学にすること，他の社会科学とはあきらかに別の科学にすることにある。したがって制度主義の理論系譜に属する諸学派が総じて共有していることは，新古典派的伝統を批判することあるいはそれに対して距離を置くということである。とくに個人の計算合理性の公準を，また数学的形式化へのかれらの固執を批判する。

制度経済学の理論系譜に共通する，あるいは少なくとも有力な第2の特徴は，経済学研究におけるおもな関心が，**変化**の問題に向けられているということである。実際，諸制度は，たえず変化している世界のなかで永続性をもつ要素を表象しているが[41]，制度もまた変化するのであって，それは誕生し，進化し，そして消滅する。ここで制度主義的アプローチは必然的に歴史家にとっての古典的問題，すなわち持続性と変化の関係という問題に直面する。より正確に言えば，制度変化および経済過程における変化が多様な時間性をもつということが中心的問題となる。これは**変化の不均等性**とでも呼べるものである。したがって**過程**，あるいは累積的変化の時間的な連続性，に対する関心は，**均衡**に焦点を絞ったアプローチよりも遙かに強い。均衡は新古典派的伝統における中心概念である。少なくとも，経済学者たちは，新古典派からかれらが相対的に距離をとればとるほど，過程の分析をおこなう傾

向にある。

　制度経済学の諸学派によく見られるもうひとつの特徴は**創発**というテーマである。創発は，思いもかけない，ときに理解不能な個人的活動ないし集団的活動からもたらされるのであり，それはこうした活動の合成ないし集計の効果である。この効果は（見えざる手型の）よい結果をもたらすこともあれば，悪い結果（最悪の効果）をもたらすこともあり，場合によってはどちらともとれるような結果をもたらすこともあるように思われる。経済的現実の複数のレベル，たとえば諸個人，諸組織，諸制度，経済ないし社会全体のあいだでの相互作用を明示的に考える場合，こうした効果は重要な位置を占める。

2．著しい多様性

　本書で指摘してきたのは，よく似た旗の下にあるいは同じ伝統の下に結集しているにもかかわらず，様々な論者や学派の間にはっきりと見て取れる違いがあり，ときには大きな違いがあるということであった。たとえば，アメリカ制度派内部でのヴェブレンとコモンズとのあいだにある相違を（Corei, 1995），新制度派経済学においてウィリアムソンとノースのあいだにある隔たりを，あるいはフランスの制度主義ではレギュラシオン理論とコンヴァンシオン理論の間にあるずれを，指摘するだけで十分であろう。こうした内部での違いは，制度主義経済学の幅広い理論系譜を構成する諸学派ないし諸グ

ループの間の隔たりと複雑に絡み合っている。オーストリア学派の伝統と旧（あるいは新）制度学派とのあいだで見られるような，アプリオリにはありえそうにない部分的な接近が見られるのは，制度経済学の理論系譜がとりわけ学説的，方法論的，理論的多様性を有していることに関わっている。

とりわけ顕著に見られるのは，制度経済学に属する諸学派のなかで，経済自由主義と介入主義または社会主義を両極として，そのあいだに学説上の立場の幅広い違いが存在していることである。一方の極には，強烈で，根本的な自由主義を特徴とするオーストリア学派の伝統があり，他方の極にあるのは，ポランニーの社会主義的傾向であり，理性に適う資本主義を追い求めるコモンズの積極的改良主義やシュモラーの権威主義的改良主義である。新制度派経済学は総じて穏健な自由主義を好む傾向にあるのにたいして，異端派の制度主義諸学派は資本主義の介入主義的・改良主義的極に近づいており，むしろ経済的自由主義を批判している。したがって学説上の立場と制度主義的理論系譜への帰属とのあいだに直接的な関係はない[42]。

似たような多様性は制度の問題を分析するのに採用される方法論的立場に関しても見られる。制度経済学に属する様々な学派は，あらゆる説明の基礎を諸個人の行為に置く方法論的個人主義と，集団的構造を諸個人の行為の決定要因として優先する方法論的ホーリズムないし集団主義との，単純な対立を相対化することに貢献してきた。こうした相対化は当然のことである。というのも諸個人の行為と諸制度との相互作

V 制度主義の統一性と多様性　143

用は，制度主義的アプローチにおける中心的な関心事であるからである。ただし，論者や学派ごとに，個人主義的方法論が優っていたりホーリズム的方法論が優っていたりする傾向は依然として残っている。総合的止揚が，ときに期待されることはあるが，それが進展することはまれである。

　新古典派理論との明示的な隔たり，あるいはまた新古典派に向けられる批判の強弱は，制度経済学の諸学派のなかでもまったくバラバラである。初期の制度主義は古典派および新古典派にたいする異議によって形成されたのであるが，オーストリア学派の伝統は，20世紀後半に新古典派としだいに区別されるようになる前には，当初新古典派と強い親近性を示していた。これにたいして新制度派経済学は，新古典派のひとつの分派である。それを学派内部での異議申し立てと解釈することもできるが，ときには絶縁に至りかねないこともある[43]。

　最後に，諸制度が社会学，政治学，歴史学のような諸学問の対象でもあるので，制度経済学は社会諸科学のあいだの慣例的境界線を修正している。当然，学際的傾向は，経済学における制度主義の様々な諸学派に共通する特徴である。それにもかかわらず諸学派の選好はここでもまたバラバラであり，ある学派は社会学との結びつきを優先し，他の学派は法学との，あるいはまた歴史学との，またその他の学派は認知科学との結びつきを優先している。経済学における制度的アプローチと，実際におこなわれているないし望まれている学際的性格の型とのあいだにもまた直接的な結びつきは存在して

いない。しかしながら歴史的諸問題や歴史的思考法の重要視は，制度主義の経済学者たちのなかによく見られる。

3．理論的差異

　さきほど述べた違いに加えて，次の諸点に関する概念の多様性を当然強調しておかねばならない。その諸点とは，諸制度，諸制度の創発，諸制度の役割（あるいはその機能），諸制度の変化（あるいはその進化），および所与の時代や歴史のなかでの様々な経済パフォーマンスと制度との関係である。本書で詳しく見てきたのは，まさしくこれらの多様性である。以下の表では，こうした多様性のうち，主要なもののいくつかを選択して，要約してある。

　以上で要約したものに加えて以下のような様々な分岐が存在している (Rutherford, 1994)。すなわち，自生的な進化によって下から上へと形成される諸制度に関心を集中するか，あるいは意図的なやり方で上から下へと確立される諸制度に関心を集中するかという分岐がある。また制度の分析を現存の諸制度を改革するためにおこなうか，維持するためにおこなうかという分岐がある。また制度分析の動機は，社会主義の批判（ハイエク）であるかもしれないし，資本主義の批判（ヴェブレン）であるかもかもしれない。さらには人間行動や心理についてのきわめて多様なアプローチが動員されるかもしれない，等々。

制度経済学の諸理論：その比較　1

	シュモラー	ヴェブレン	コモンズ
諸制度の性質	習慣とルール（慣習，道徳，法）の総体，これらは目的をもって，システムを形成する	思考習慣と共通行為	個人の活動を制御する集団的活動
（諸）パラダイムをなす（諸）制度	国家	私的所有	活動的組織，コモン・ロー
		営利企業	
		有閑階級	
分析の中心はインフォーマルな制度かフォーマルな制度か	インフォーマルな制度とフォーマルな制度（慣習・法）	インフォーマルな制度	フォーマルな制度
（制度との関連で見た）諸組織	諸制度からなる「機関」：人々，家族，社会団体，組合，企業，国家	暗に：組織とは制度である	ゴーイング・コンサーン（組織＝制度）
進化の理論	歴史的諸段階	方法論的ダーウィニズム，制度の自然選択（＋歴史的諸段階）	制度の人為的選択（＋歴史的諸段階）
歴史と制度経済学の関係	歴史学派	歴史への直接的依拠	定型化された歴史

制度経済学の諸理

	メンガー	ハイエク	ウィリアムソン
諸制度の性質	全体にたいする機能性をあらわしている社会現象	ルールと秩序	取引のガバナンス様式
（諸）パラダイムをなす（諸）制度	貨幣	貨幣，言語，法（コモン・ロー）	市場，ヒエラルキー
分析の中心はインフォーマルな制度かフォーマルな制度か	インフォーマルな制度とフォーマルな制度（有機的制度と実用主義的制度）	インフォーマルな制度（伝統）	フォーマルな制度
（制度との関連で見た）諸組織	暗に：組織とは制度である	（自生的秩序に対立し，様々なルールにもとづく）組織された秩序	ヒエラルキー（組織＝ガバナンス形態＝制度）
進化の理論	イノヴェーション＋模倣，見えざる手	文化的進化，群選択を通じたルールの選択	取引費用の最小化にもとづく選択（≠進化）
歴史と制度経済学の関係	方法論論争：精密な方法 対 歴史的方法	長期の文化史	大企業についてチャンドラーを参照

V 制度主義の統一性と多様性 147

論：その比較 2

ノース	青木	レギュラシオン派	ホジソン
ゲームのルール；フォーマルかつインフォーマルな制約，履行	ゲームをプレイするやり方に関する共有予想の自己維持的（均衡）システム	基礎的諸関係のコード化；制度化された妥協	相互作用を構造化する，社会的に埋め込まれたルールのシステム
所有	企業	賃労働者，国家，貨幣	言語
インフォーマルな制度とフォーマルな制度	フォーマルな制度	フォーマルな制度	インフォーマルな制度とフォーマルな制度
（制度というルールにおける）ゲームのプレーヤー；制度の様々な組織	組織は制度であると同時にプレーヤーである	組織と制度との区別に言及（ノースを参照）	組織は制度である
権力をもつ集団が新たなルールを導入する；経路依存性，ロックイン	くりかえしゲームの理論，複数均衡	制度的構図のなかで高まる緊張；危機により時期区分される進化	（ヴェブレン的な）普遍的ダーウィニズム
100年単位の長期の歴史	国民国家，部門，地域の共時的モデルに依拠	アナール学派；歴史的マクロ経済学	思考の歴史；「歴史的特殊性」の問題

4．限定的な対象，一般的な理論

　様々な制度経済学理論の評価と比較においてとくに難しいのは，次の点である。これらの諸理論が，制度の一般理論というレベルに位置づけられることを願うとき，各理論がおもに研究しようとしている**問題の型**と結びついた，いくつかの限界に不可避的にぶつかる。たとえばマクロ・レベルの問題もあるし，ミクロ（あるいはさらにメゾ）・レベルの問題もある。歴史的性格の問題もあるし，その反対に論理的性格の問題もある。フォーマルな制度に関わる問題もあるし，インフォーマルな制度に関わる問題もある。組織という領域にいっそう集中している問題もあるし，組織を超えた問題もある。このような研究対象の違いは，当然，すでに述べたような学説上，方法論上，理論上の差異と結びついている。あるひとりの論者ないしひとつの学派は，時間的ないし空間的に限定された，相対的に特殊な問いや問題を処理するために概念を作り上げる。この概念を拡張し一般化することによって，このひとりの論者ないしひとつの学派が制度経済学の一般理論を構築する場合，研究対象を特定のものに限ってきたことから生じる限界ないしバイアスをともなった理論が提示される危険がある。

　本書ではすでにこの種の限界性をいくつか見てきた。たとえば，コモンズは，20世紀初頭のアメリカの経験を特権化し，それを制度経済学（institutional economics）の基礎とし

て活用しようとした。ハイエクは，社会主義（およびケインズ主義）の設計主義的主張を論駁するために，秩序やルールの一般理論を構築しようとした。ノースは，西洋諸国の経済的成功がもつ例外的特徴を探ろうとした。レギュラシオン理論は，フォーディズムの歴史とその継承を理解するという目的の下で展開された，等々。しかしながら，あらゆる社会科学理論は，その時代，歴史的情勢，および重視する**研究対象**によって，必然的に条件づけられている，ということを強調しておかねばならない。しばしば卓越した思想家や学派の貢献はまさしく，かれらが優先的に選択した多かれ少なかれ限定的なテーマを研究することによって，より広範な，さらには普遍的な諸問題に光を当てることから生じる。だからこそ様々な理論と理論史の理解，諸理論の批判的検討は，あらゆる新たな創造的研究にとって不可欠な通過点であり続けているのである。

原註

41) システムとしての，あるいは制度的構図としての，資本主義の歴史的独自性とは，資本主義が生み出す変化の永続性である。マルクスやシュンペーターが展開した，この命題は今日までこのシステムに関するもっとも深遠な診断であり続けている。

42) ついでに述べると，新古典派の伝統そのものは，かなり多様な学説上の立場と両立可能であることがあきらかである。この学派がいくつかのケインズ的要素との綜合を成し遂げた時代があった。これは，ケインズの学説を経済における自由主義の学説と同一化するという還元である。

43) しかしながらこの分派や絶縁というイメージには含みがある。なぜなら新古典派の伝統そのものが，今日その境界線を描くことが

困難な，きわめて分化した巨大な理論系譜を構成しているからである。とはいえ新古典派の共通のベースは依然として次のような諸点にもとづく。諸個人の合理性や性向，市場や競争の概念，均衡のパラダイム，最適化という問題設定，および効率的な均衡状態を不完全な実証的状況と比較することを基本とする暗黙の思考法，である。

参 考 文 献

(原注:著作ないし論文の先頭に示した年代は,初版のものである。本書で実際に利用した版が異なっている場合,その版の出版年を末尾に示している。)

Albert, M. (1991), *Capitalisme contre capitalisme*, Paris, Seuil. (小池はるひ訳『資本主義対資本主義:21世紀の大論争』竹内書店新社, 1992年, 新装版1996年)

Amable, B. (2005), *Les cinq capitalismes. Diversité des systèmes économiques et sociaux dans la mondialisation*, Paris, Seuil. (山田鋭夫・原田裕治ほか訳『五つの資本主義』藤原書店, 2006年)

Aoki, M. (2000), *Information, Corporate Governance, and Institutional Diversity. Competitiveness in Japan, the USA, and the Transition Economies*, Oxford, Oxford University Press.

Aoki, M. (2001), *Toward a Comparative Institutional Analysis*, Cambridge, MIT Press. (瀧澤弘和・谷口和弘訳『比較制度分析に向けて』NTT出版, 2001年)

Batifoulier, P. (dir.) (2001), *Théorie des conventions*, Paris, Economica. (海老塚明・須田文明監訳『コンヴァンション理論の射程:政治経済学の復権』昭和堂, 2006年)

Batifoulier, P., de Larquier, G. (2001), «De la convention et de ses usages», *in* Batifoulier (2001).

Bazzoli, L. (1999), *L'Économie politique de John R. Commons. Essai sur l'institutionnalisme en sciences sociales*, Paris, L'Harmattan.

Biencourt, O., Chaserant, C., Rebérioux, A. (2001), «L'économie des conventions: l'affirmation d'un programme de recherche», *in* Batifoulier (2001).

Berger, S., Dore, R. (eds.) (1996), *National Diversity and Global Capitalism*, Ithaca, Cornell University Press.

Billaudot B., (2001), *Régulation et croissance: une macroéconomie historique et institutionnelle*, Paris, L'Harmattan.

Boltanski, L., Thévenot, L. (1991), *De la justification. Les économies de la grandeur*, Paris, Gallimard. (三浦直希訳『正当化の理論:偉大さのエコノミー』新曜社, 2007年)

Boltanski, L., Chiapello, E. (1999), *Le nouvel esprit du capitalisme*, Paris, Gallimard.

Boyer, R. (1986), *La théorie de la régulation: une analyse critique*, Paris, La Découverte. (山田鋭夫訳『レギュラシオン理論』藤原書店, 1992年)

Boyer, R. (2004a), *Théorie de la régulation. 1. Les fondamentaux*, La Découverte.

Boyer, R. (2004b), *Une théorie du capitalisme est-elle possible?*, Paris, Odile Jacob. (山田鋭夫訳『資本主義 vs 資本主義：制度・変容・多様性』藤原書店, 2005年)

Boyer, R., Hollingsworth, J. (eds.) (1997), *Contemporary Capitalism. The Embeddedness of Institutions*, Cambridge, Cambridge University Press. (第1章の翻訳は, 長尾伸一・長岡延孝編監訳『制度の政治経済学』木鐸社, 2000年に所収)

Boyer, R., Saillard, Y. (dir.) (2002), *Théorie de la régulation: l'état des savoirs*, La Découverte, 2e ed.

Chavance, B. (1996), *Marx et le capitalisme. La dialectique d'un système*, Paris, Nathan.

Chavance, B. (2001), «Organisations, institutions, système: types et niveaux de règles», *Revue d'économie industrielle*, n°97, 4° trim.

Chavance, B. (2004), «Les théories économiques à l'épreuve de la transformation post-socialiste», *in* M. Forest, G. Mink, dir., *Postcommunisme: les sciences sociales à l'épreuve*, Paris, L'Harmattan.

Chavance, B., Magnin, É. (2000), «National Trajectories of Post-socialist Transformation: Is There a Convergence Towards Western Capitalisms?», *in* M. Dobry, ed. *Democratic and Capitalist Transitions in Eastern Europe*, Dordrecht/Boston/London, Kluwer.

Coase, R. (1937), «La nature de la firme» («The nature of the firm»), *in* Coase (1997).

Coase, R. (1997), *La firme, le marché et le Droit*, Paris, Diderot Editeur. (宮沢健一・後藤晃・藤垣芳文訳『企業・市場・法』東洋経済新報社, 1992年)

Coase, R. (1998), «The New Institutional Economics», *American Economic Review*, 88(2), May.

Commons, J. (1899-1900), *A Sociological View of Sovereignty*, New York, Augustus Kelley, 1967.

Commons, J. (1924), *The Legal Foundations of Capitalism*, Madison, University of Wisconsin Press, 1968. (新田隆信ほか訳『資本主義の法律的基礎』コロナ社, 1964年)

Commons, J. (1934), *Institutional Economics. Its Place in Political Economy*, 2 vol., New Brunswick and London, Transactions Publishers, 1990.

Commons, J. (1950), *The Economics of Collective Action*, Madison, University of Wisconsin Press, 1970. (春日井薫・春日井敬訳『集団行動の経済学』文雅堂書店, 1958年)

Corei, T. (1995), *L'Économie institutionnaliste. Les fondateurs*, Paris, Economica.

Crouch, C. (2005), *Capitalist Diversity and Change. Recombinant Governance and Institutional Entrepreneurs*, Oxford, Oxford University Press.

Delorme, R., André, C. (1983), *L'État et l'économie. Un essai d'explication des dépenses publiques en France*, Paris, Seuil.

Denzau, A., North, D. (1994), «Shared Mental Models: Ideologies and Institutions», *Kyklos*, 47(1), pp. 3-31.

Eucken, W. (1940), *The Foundations of Economics. History and Theory in the Analysis of Economic Reality* (*Grundlagen der Nationalökonomie*), London, William Hodge & Co, 1950. (大泉行雄訳『国民経済学の基礎』勁草書房, 1958年)

Eucken, W. (1952), *Grundsätze der Wirtschafstpolitik*, Bern-Tübingen, J. C. B. Mohr. (大野忠男訳『経済政策原理』勁草書房, 1967年)

Evans, P. (2005), «The Challenges of the «Institutional Turn»: New Interdisciplinary Opportunities in Development Theory», *in* V. Nee and R. Swedberg, eds., *The Economic Sociology of Capitalism*, Princeton, Princeton University Press.

Favereau, O. (1989), «Marchés internes, marchés externes», *in* «L'économie des conventions», *Revue économique*, 40(2), mars.

Favereau, O. (1999), «Salaire, emploi et économie des conventions», *Cahiers d'économie politique*, 34.

Favereau, O., Thévenot, L. (1996), «Réflexions sur une notion d'équilibre utilisable dans une économie de marchés et d'organisations», *in* G. Ballot, dir., *Les marchés internes du travail: de la microéconomie à la macroéconomie*, Paris, PUF.

Field, A. (1979), «On the Explanation of Rules Using Rational Choice Models», *Journal of Economic Issues*, XIII(1), March.

Field, A. (1994), «Game Theory and Institutions», *in* G. Hodgson et al., eds. (1994), vol. 1.

Fleetwood, S. (1995), *Hayek's Political Economy: The Socio-economics of Order*, London and New York, Routledge. (佐々木憲介訳『ハイエクのポリティカル・エコノミー:秩序の社会経済学』法政大学出版局, 2006年)

Gislain, J.-J. (1999), «Les conceptions évolutionnaires de T. Veblen et J. R. Commons», *Économies et Sociétés*, HS, 35(1).

Gislain, J.-J. (2002), «Causalité institutionnelle: la futurité chez J. R. Commons»,

Économie et institutions, 1.

Gislain, J.-J. (2003), «L'émergence de la problématique des institutions en économie», *Cahiers d'économie politique*, 44.

Greif, A. (1994a) «Cultural Beliefs and the Organization of Society: A Historical Reflection on Collectivist and Individualistic Societies», *Journal of Political Economy*, 102(5), October.

Greif, A. (1994b), «On the Political Foundations of the Late Medieval Commercial Revolution: Genoa During the Twefth and Thirteenth Centuries», *Journal of Economic History*, 54(2).

Greif, A. (1998), «Historical and Comparative Institutional Analysis», *American Economic Review*, 88(2), May.

Greif, A. (2006), *Institutions and the Path to Modern Economy. Lessons from Medieval Trade*, Cambridge, Cambridge University Press.

Hall, P., Soskice, D. (2001), *Varieties of Capitalism. The Institutional Foundations of Comparative Advantage*, Oxford, Oxford University Press. (遠山弘徳ほか訳『資本主義の多様性』ナカニシヤ出版，2007年)

Hamilton, W. (1919), «The Institutional Approach to Economic Theory», *American Economic Review*, 9(1), March.

Hamilton, W. (1932), «Institution», in E. Seligman, A. Johnson, eds., *Encyclopedia of the Social Sciences*, vol. 8, New York, Macmillan (repr. in *Journal of Institutional Economics*, 1(2), December 2005).

Hayek, F. (1944), *La route de la servitude*, Paris, PUF, 2002. (一谷藤一郎訳『隷従への道：全体主義と自由』東京創元社，1954年)

Hayek, F. (1960), *La constitution de la liberté*, Paris, Litec, 1994. (毛賀健三・古賀勝次郎訳『自由の条件1：自由の価値』『自由の条件2：自由と法』『自由の条件3：福祉国家における自由』春秋社，1986-87年)

Hayek, F. (1967a), «Notes on the evolution of systems of rules of conduct», in *Studies in Philosophy, Politics and Economics*, Chicago, The University of Chicago Press.

Hayek, F. (1967b), «The theory of complex phenomena», in *Studies in Philosophy, Politics and Economics*, Chicago, The University of Chicago Press.

Hayek, F. (1973), *Droit, législation et liberté*, vol. 1, «Régles et ordres», Paris, PUF, 1995. (矢島均次・水吉俊彦訳『法と立法と自由1：ルールと秩序』春秋社，1987年)

Hayek, F. (1976), *Droit, législation et liberté*, vol. 2, «Le mirage de la justice sociale»,

Paris, PUF, 1995. (篠塚慎吾訳『法と立法と自由2：社会正義の幻想』春秋社, 1987年)

Hayek, F. (1979), *Droit, législation et liberté*, vol. 3, «L'ordre politique d'un peuple libre», Paris, PUF, 1995. (渡部茂訳『法と立法と自由3：自由人の政治的秩序』春秋社, 1988年)

Hayek, F. (1988), *La présomption fatale. Les erreurs du socialisme*, Paris, PUF, 1993. (渡辺幹雄訳『致命的な思いあがり』春秋社, 2009年)

Hodgson, G., (ed.) (1993), *The Economics of Institutions*, Aldershot, Edward Elgar.

Hodgson, G., (1994), «The Return of Institutional Economics», *in* N. Smelser, R. Swedberg, eds., *Handbook of Economic Sociology*, Princeton, Princeton University Press.

Hodgson, G., (1998), «The Approach of Institutional Economics», *Journal of Economic Literature*, XXXVI, March.

Hodgson, G. (2000), «What Is the Essence of Institutional Economics», *Journal of Economic Issues*, XXXIV(2), June.

Hodgson, G. (2001), *How Economics Forgot History. The Problem of Historical Specificity in Social Science*, London, Routledge.

Hodgson, G. (2002), «The Evolution of Institutions: An Agenda for Future Theoretical Research», *Constitutional Political Economy*, 13.

Hodgson, G. (2003), «The hidden persuaders: institutions and individuals in economic theory», *Cambridge Journal of Economics*, 27(2), March.

Hodgson, G. (2004), *The Evolution of Institutional Economics. Agency, Structure and Darwinism in American Institutionalism*, London, Routledge.

Hodgson, G. (2006), «What Are Institutions?», *Journal of Economic Issues*, 40(1), March.

Hodgson, G., Samuels, W., Tool, M., eds. (1994), *The Elgar Companion to Institutional and Evolutionary Economics*, Aldershot, Edward Elgar, 2 vol.

Kornai, J. (1992), *Le système socialiste. Économie politique du communisme*, Grenoble, PUG, 1995.

Lavoie, M. (2004), *L'Économie post-keynésienne*, Paris, La Découverte. (宇仁宏幸・大野隆訳『ポスト・ケインズ派経済学入門』ナカニシヤ出版, 2008年)

Lewis, D. (1969), *Convention. A Philosophical Study*, Cambridge, Harvard University Press.

Lordon, F. (1994), «Modéliser les fluctuations, le changement structurel et les crises», *Revue d'économie politique*, 104(2/3).

Maucourant, J. (2005), *Avez-vous lu Polanyi?*, Paris, La Dispute.

Menger, C. (1871), *Grundsätze der Volkswirtschaftslehre*, Tübingen, J. C. B. Mohr. (安井琢磨・八木紀一郎訳『国民経済学原理』日本経済評論社，1999年）

Menger, C. (1883), *Investigations into the Method of the Social Sciences, With Special Reference to Economics* (*Untersuchungen über die Methode der Sozialwissenschaften und der Politischen Oekonomie insbesondere*), New York, New York University Press, 1985. (福井孝治・吉田昇三訳『経済学の方法』日本経済評論社，2004年）

Menger, C. (1892), «On the Origins of Money», *Economic Journal*, 2, June.

Murrell, P. (2005), «Institutions and Firms in Transition Economies», *in* C. Ménard & M. Shirley (eds.), (eds.), *Handbook of New Institutional Economics*, Dordrecht, Springer.

Nelson, R., Winter, S. (1982), *An Evolutionary Theory of Economic Change*, Cambridge, Harvard University Press.

Nemo, P. (1988), *La société de droit selon F. A. Hayek*, Paris, PUF.

North, D. (1981), *Structure and Change in Economic History*, New York, W. W. Norton & Co. (中島正人訳『文明史の経済学：財産権・国家・イデオロギー』春秋社，1989年）

North, D. (1990), *Institutions, Institutional Change and Economic Performance*, Cambridge, Cambridge University Press. (竹下公視訳『制度・制度変化・経済成果』晃洋書房，1994）

North, D. (1994), «Economic Performance through Time», *American Economic Review*, 84(3), June.

North, D. (1997), «Understanding Economic Change», *in* J. Nelson, C. Tilly, L. Walker, eds., *Transforming Post-communist Political Economies*, Washington D. C., National Academy Press.

North, D. (2005), *Understanding the Process of Economic Change*, Princeton, Princeton University Press.

O'Brien, D. (1998), «Hayek, Friedrich August von (1899-1992)», *in* P. Newman, ed., *The New Palgrave Dictionary of Economics and the Law*, London, Macmillan, vol. 1.

Petit, P. (2005), *Croissance et richesse des nations*, Paris, La Découverte.

Petit, P. (2006), «Socio-institutional changes in the post-Fordist era», *in* B. Coriat,

P. Petit, G. Schmeder, eds., *The Hardship of Nations: Exploring the Paths of Modern Capitalism*, Cheltenham, Edward Elgar.

Polanyi, K. (1944), *La grande transformation. Aux origines politiques et économiques de notre temps*, Paris, Gallimard, 1983.(吉沢英成ほか訳『大転換：市場社会の形成と崩壊』東洋経済新報社，1975年)

Polanyi, K. (1957), «L'économie comme processus institutionnalisé», in K. Polanyi, C. Arensberg, K., Pearson, eds. (1957), *Les systêmes économiques dans l'histoire et la théorie* (*Trade and Market in the Early Empires*), Larousse, Paris, 1975. (玉野井芳郎・平野健一郎訳『経済の文明史』ちくま学芸文庫，2003年，所収)

Polanyi, K. (1968), *Primitive, Archaic and Modern Economies. Essays of Karl Polanyi*, G. Dalton, ed., Boston, Beacon Press.

Polanyi, K. (1977), *The Livelihood of Man*, H. Pearson, ed., New York, Academic Press. (玉野井芳郎・栗本慎一郎訳『人間の経済』岩波書店，1980年)

Rodrik, D. (2004), «Getting Institutions Right», CESifo DICE Report, February, http://ksghome.harvard.edu/~drodrik/ifo-institutions%20article%20_April%202004_.pdf

Roland, G. (2000), *Transition and Economics. Politics, Markets and Firms*, MIT Press.

Rutherford, M. (1994), *Institutions in Economics. The Old and the New Institutionalism*, Cambridge, Cambridge University Press.

Sachs, J., Woo, W.-T. (2000), «The Debate on Understanding China's Economic Performance», in E. Maskin, A. Simonovits (eds.), *Planning, Shortage, and Transformation. Essays in honor of Janos Kornai*, MIT Press.

Schmoller, G. (1900), *Principes d'économie politique*, tome 1 (*Grundriss der allgemeinen Volkswirtschaftlehre*, vol. 1), Paris, Giard et Briére, 1905. (山田伊三郎訳『国民経済学原論』冨山房，1914-16年)

Schotter, A. (1981), *The Economic Theory of Social Institutions*, Cambridge University Press.

Simon, H. (1987), «Satisficing», in J. Eatwell et al., eds., *The New Palgrave Dictionary of Economics*, vol. 4, London, Macmillan.

Simon, H. (1991), «Organizations and Markets», *Journal of Economic Perspectives*, 5 (2), Spring.

Skidelsky, R. (1995), *John Maynard Keynes*, vol. 2, *The Economist as Savior 1920-1937*, New York, Penguin Books.

Tilman, R., (ed.) (1993), *A Veblen Treasury. From Leisure Class to War, Peace, and*

Capitalism, Armonk, M. E. Sharpe.

Théret, B. (2000), «Institutions et institutionnalismes. Vers une convergence des conceptions de l'institution?», *in* M. Tallard, B. Théret, D. Uri, dir., *Innovations institutionnelles et territoires*, Paris, L'Harmattan.

Théret, B. (2001), «Saisir les faits: la méthode Commons», *Cahiers d'économie politique*, n° 40-41.

Vanberg, V. (1994), *Rules and Choice in Economics*, London, Routledge.

〔以下の Veblen の文献について，本文 I , 2「ヴェブレンの進化論的制度主義」において，イタリックで頁数を表記した箇所は，原著がリプリント版の Veblen (1919) の頁数を表記している箇所である。これらの箇所については，本訳書でも，原著にしたがって，Veblen (1919) の頁数を表記した。〕

Veblen, T. (1898), «Why is Economics not an Evolutionary Science?», *Quarterly Journal of Economics*, July 1898, (repr. *in* Veblen, 1919).

Veblen, T. (1899), *Théorie de la classe de loisirs*, Paris, Gallimard, 1970. (高哲男訳『有閑階級の理論：制度の進化に関する経済学的研究』ちくま学芸文庫，1998 年)

Veblen, T. (1899-1900), «The Preconceptions of Economic Science», *Quarterly Journal of Economics*, Jan. 1899, July 1899, Feb. 1900 (repr. *in* Veblen, 1919).

Veblen, T. (1901a), «Gustav Schmoller's Economics», *The Quarterly Journal of Economics*, XVI, Nov. (repr. *in* Veblen, 1919).

Veblen, T. (1901b), «Industrial and Pecuniary Employments», *in* Tilman (1993).

Veblen, T. (1904), *The Theory of Business Enterprise*, New York, Charles Scribners. (小原敬士訳『企業の理論』勁草書房，1965 年，新装版 2002 年)

Veblen, T. (1906-1907), «The Socialist Economics of Karl Marx and his Followers», *The Quarterly Journal of Economics*, XX, Aug, XXI, Feb. (repr. *in* Veblen, 1919).

Veblen, T. (1909), «The Limitations of Marginal Utility», *Journal of Political Economy*, XVII(9), November (repr. in Veblen, 1919).

Veblen, T. (1914), *The Instinct of Workmanship, and the State of the Industrial Arts*, New York, Augustus Kelley, 1963. (松尾博訳『ヴェブレン経済的文明論：職人技本能と産業技術の発展』ミネルヴァ書房，1997 年)

Veblen, T. (1919), *The Place of Science in Modern Civilization*, New York, Russel & Russel, 1961.

Veblen, T. (1921), *The Engineers and the Price System*, New York, Harcourt Brace and World [tr. fr. Les ingénieurs et le capitalisme, Paris, Gordon & Breach, 1971]. (小原敬士訳『技術者と価格体制』未来社，1962年)

Walliser, B. (1989), «Théorie des jeux et genèse des institutions», *Recherches économiques de Louvain*, 55 (4).

Walras, L. (1898), *Études d'économie politique appliquée*, Lausanne, F. Rouge & Cie, Paris, R. Pichon et R. Durand-Auzias, 1936.

Williamson, O. (1975), *Markets and Hierarchies. Analysis and Antitrust Implications*, New York, The Free Press. (浅沼萬里・岩崎晃訳『市場と企業組織』日本評論社，1980年)

Williamson, O. (1985), *Les institutions de l'économie* (*The Economic Institutions of Capitalism. Firms, Markets, Relational Contracting*), Paris, Interéditions, 1994.

Williamson, O. (1996), *The Mechanisms of Governance*, New York, Oxford University Press.

Williamson, O. (2000), «The New Institutional Economics: Taking Stock, Looking Ahead», *Journal of Economic Literature*, XXXVIII, Sept.

World Bank (2002), *Building Institutions for Markets, World Development Report 2002*, Oxford, Oxford University Press. (藪中久美子訳『世界開発報告：市場制度の構築』シュプリンガー・フェアラーク東京，2003年)

訳者あとがき

　本書は，Bernard Chavance, *L'Économie institutionnelle*, La Découverte, 2007. の全訳である。原書は，フランスにおける入門書シリーズとして定評のある Repère シリーズの 1 冊であり，一般読者向けに書き下ろされたものである。本訳書では，著者による「日本語版への序文」が追加されている。また，初学者には理解が難しいと思われる用語については簡単な訳者註を［　］で挿入し，経済学や制度経済学をこれから学ぼうとする方にとっても読みやすいテキストになるよう工夫した。さらに，本書の末尾に，訳者作成による「日本語基本文献の案内」を付けた。

　制度の経済理論に関する研究書は数多い。そのなかで本書はいかなる特徴をもっているのか。

　本書の第 1 の特徴は，制度を重視する経済理論の諸潮流をほぼ網羅する形で紹介している点である。「日本語版への序文」でも述べられているように，主流派の新古典派経済学において市場原理主義と新自由主義の傾向がとみに強まる一方で，1980 年代以降，制度を重視する様々な経済理論が興隆している。しかしながら，理論の急速な発展期に往々にして見られるように，多様な理論潮流が異なった様相をもつ理論展開を同時進行させるため，制度の経済理論の全体像を把握することがなかなか難しい。本書は，旧制度学派，新制度学

派という米国中心の制度理論だけでなく，ドイツ歴史学派やオーストリア学派からレギュラシオン理論などに至るヨーロッパを中心とする制度理論もとりあげ，欧米の制度派諸理論が相互に影響をおよぼしあいながら発展していることをあきらかにしている。

たとえばヴェブレンの進化論的経済学は，N. カルドアや A. ヤングによる「累積的因果分析」のベースとなる概念を提示していることが解明される。また，メンガーによる制度の「実用主義的」次元と「有機的」次元との区分は，旧制度学派の制度理解にも通底しており，現代の制度経済学においてもきわめて重要な視角であることがあきらかにされる。

日本では，アメリカ制度学派やオーストリア学派などのうち，ひとつの学派をとりあげた概説書や研究書は数多く存在しているが，本書のように制度経済学を構成する諸学派を包括的に説明し，諸学派の間の入り組んだ影響関係に光を当てた書物は皆無と言えよう。

本書の第2の特徴は，制度経済学のそれぞれの潮流や論者の基本的な考え方を説明する際に，新古典派の考え方との違いや距離をかなり詳しく明示している点である。現代の制度経済学の諸理論に関しては，新古典派理論に部分的に依拠する「新制度派経済学」と，新古典派理論を拒絶する「異端派」制度経済学を峻別し，二分してとらえられることが多い。本書では，ウィリアムソンとノースとの比較検討を通じて，新制度派経済学の内部でも論者によって新古典派との距離がかなり異なること，またレギュラシオン理論とコンヴァンシ

オン理論とのあいだでも新古典派批判の視角が異なることが説明されている。このような各潮流の説明のなかで著者が示している新古典派との境界線をつなぎ合わせると，制度経済学が進むべき方向に関する著者の考え方がおのずから浮かび上がるだろう。結論の第Ⅴ章において，著者自身の制度経済学が明示的に書かれていない点に物足りなさを感じる読者もおられるかもしれないが，本書は上記のような叙述形式を通して新古典派経済学と制度経済学との認識論的切断を遂行し，経済諸理論の正統と異端の関係をひっくり返すことによって，経済学説史の革命に挑んだ書といっても過言ではない。そして「日本語版への序文」で触れられている「未完の制度主義的転回」を，大きく前に進めることに貢献する書であることは言うまでもない。

　次に，翻訳に関する経緯を簡単に述べておきたい。本書は，日仏でほぼ同時に出版された。これが可能となったのは次の理由による。訳者のひとりである宇仁は約3年前からたびたび，シャバンス氏から執筆中の「制度経済学」に関する話を聞かされていた。多数の文献を検討しなければならないので非常に時間を要すると氏は語っていた（本書はコンパクトではあるが膨大な時間を費やして書かれた労作である）。2006年初めにパリで宇仁が氏に会った際には，制度主義のアメリカの伝統だけでなく，ドイツの伝統および現代ヨーロッパでの展開の重要性について氏は熱心に語った。そして，2006年9月末，ついに原稿を完成させた氏は，宇仁へ原稿を電子ファイ

ルで送ってこられた。この原稿を一読した訳者たちは，それがオリジナリティーに富んだものであり，日本の読者にとっても有益であると判断し，直ちに翻訳出版を企画したのである。

　原著は一般読者を想定して平易な文体で書かれているが，原著がとりあげる制度経済学理論が多岐にわたっていることから，翻訳作業には幾ばくかの困難がともなったことも事実である。この困難の解消には，制度経済学の諸理論に精通しておられる，八木紀一郎氏（京都大学）と磯谷明徳氏（九州大学）のアドバイスが有益であった。丹念に訳文をお読みいただき，適切なアドバイスを与えていただいた両氏には，この場を借りて厚く御礼申し上げたい。訳者註については，進化経済学会編『進化経済学ハンドブック』共立出版と金森久雄・荒憲治郎・森口親司編『経済辞典第4版』有斐閣を参照した。無論，翻訳と訳者註にあるかもしれない誤りはすべて訳者の責任に帰するものであることは言うまでもない。

　また，訳者のうち宇仁と中原が関わった，バルビエ・テレ著『フランスの社会保障システム』（ナカニシヤ出版，2006年）に引き続き，今回もナカニシヤ出版の酒井敏行氏は，この翻訳出版企画にいち早く賛同され，その実現のため多大な努力を注いでいただいた。また，氏は丹念に訳文に目を通され，一般読者にとって理解困難な文章や用語をチェックしてくださった。こうした氏の協力と叱咤激励がなければ，本書は計画通りに出版されていなかったであろう。改めて御礼申し上げる次第である。

各訳者が担当した章は次の通りであり、訳文全体の調整と統一は宇仁がおこなった。

　序章と第Ⅰ章：斉藤日出治

　第Ⅱ章と第Ⅲ章：宇仁宏幸

　日本語版への序文と第Ⅳ章と第Ⅴ章：中原隆幸

　訳文の作成にあたって、原文の《 》は「 」に、仏語のイタリックはゴチックにそれぞれ変更した。

　著者のベルナール・シャバンス氏は、1947年フランス生まれ、79年にパリ第10大学で経済学博士号を取得、現在はパリ第7大学デニス・ディドロ校で教鞭をとっている。またEHESS（社会科学高等研究院）の主任研究員もつとめ、EHESSの一部局であるCEMI（産業化様式研究センター）に所属している。ちなみに、CEMIはポスト社会主義経済の移行とその体制変化を歴史的制度的観点から研究する機関である。

　シャバンス氏は、本書においても制度経済学の一翼を担う潮流としてとりあげられている、レギュラシオン派に属する研究者であり、これまでおもに社会主義およびポスト社会主義経済の分析をレギュラシオン理論にもとづいておこなうとともに、進化や制度を重視する経済理論の研究をおこなってきた。

　おもな著作は次の通りである。

Le systéme économique soviétique: de Brejnev à Gorbatchev, Paris, Nathan, 1989.（斉藤日出治訳『社会主義のレギュラシオン理論』大村書店、1992年）

Les réformes économiques à l'Est: de 1950 aux années 1990, Paris,

Nathan, 1992.（斉藤日出治・斉藤悦則訳『システムの解体　東の経済改革史 1950-90 年代』藤原書店，1993 年）

Marx et le capitalisme, Paris, Nathan, 1996.

Les incertitudes du grand élargissement. L'Europe centrale et balte dans l'intégration européenne, Paris, 2004, L'Harmattan, coll. «Pays de l'Est».

　1980 年代以降の制度経済学の多様で急速な発展は今も続いている。われわれは，本書が，この発展の成果と意味について総合的に理解し，今後の方向性を探るうえで不可欠の著作であると自負している。本書の出版が制度経済学のさらなる発展と理論的普及の一助とならんことを心より願う次第である。

　　　　　　　　　　　　　　　　2007 年 2 月 25 日
　　　　　　　　　　　　　　　　　　訳 者 一 同

日本語基本文献の案内

序章でも述べられているように，本書は入門書であり，さらに理解を深めるためには，本書で紹介されている制度経済学の諸潮流の基本文献を読むことが望ましい。その一助となるように，日本語で読める文献を紹介しておく。基本的な考え方が書かれており，しかも初学者にとっても読みやすく，現在も販売されている書物をなるべく選ぶように心がけた。

ソースティン・ヴェブレン著，高哲男訳『有閑階級の理論
　　──制度進化に関する経済学的研究』ちくま学芸文庫，
　1998年，1365円，*ISBN:* 4-480-08416-9
ファッション，ギャンブル，スポーツなど現代産業社会特有の「顕示的消費」を，古代の略奪的文化への退行現象として分析する。古代から現代までの経済，社会，文化の変化を進化という視点で描く第8章と第9章は，とくに有益である。

ジョン・R・コモンズ著，春日井薫・春日井敬訳『集団行動
　の経済学』文雅堂書店，1958年（現在は入手困難）
コモンズの主著は，約900ページの大著『制度経済学』であるが，残念ながら邦訳されていない。『集団行動の経済学』は，コモンズが最晩年に，自身の思想のエッセンスを一般読者向けにまとめた書物である。「集団行動」や「取引」など

キーとなる概念や考え方が平易に説明されている。

カール・ポランニー著，玉野井芳郎・平野健一郎訳『経済の文明史』ちくま学芸文庫，2003 年，1470 円，*ISBN*: 4-480-08759-1

従来，社会のなかに埋め込まれていた経済が，資本主義の確立以降，社会から自立する。こうして成立した市場経済社会は人類史上極めて特殊な制度的所産であるとポランニーはとらえる。さらに詳細な分析は主著『大転換』東洋経済新報社（ISBN: 4-492-37029-3，3780 円）で展開されている。

カール・メンガー著，福井孝治・吉田昇三訳『経済学の方法に関する研究』岩波文庫，1939 年（2007 年 2 月重版），*ISBN*: 4-00-341191-9，735 円

主著『国民経済学原理』にたいする，ドイツ歴史学派の無理解に反駁するために書かれた書物である。オーストリア学派の方法論的基礎が説明されているが，とくに第 3 編「社会現象の有機的理解」は示唆に富む。関連論文も収録した新訳『経済学の方法』日本経済評論社もあるが，オンデマンド出版（6500 円）となる。

フリードリヒ・A・ハイエク著，田中真晴・田中秀夫訳『市場・知識・自由——自由主義の経済思想』ミネルヴァ書房，1986 年，*ISBN*: 4-623-01672-2，2940 円

ハイエクの思想を端的に表現する主要論文を集めた論文集で

ある。とくに，第1章と第2章の論文では，分散的に存在する知識を伝達・利用することを可能にする市場というハイエク独自の見方が鮮明に提示されている。制度や進化に関するハイエクの考察は晩年の著作『法と立法と自由』春秋社で展開されている。

オリバー・E・ウィリアムソン著，浅沼萬里・岩崎晃訳『市場と企業組織』日本評論社，1980年，*ISBN:* 4-535-57279-8，6300円（現在は入手困難）
「取引コスト」概念を用いて，市場と階層組織との違いをミクロ経済的に定式化することによって，単純な仲間集団から複雑な現代法人企業に至る様々な組織形態の発生と機能とを説明する。やや専門的な大著であるが，第2章と第3章には，新制度派経済学の基本的考え方が要約されている。

ダグラス・C・ノース著，竹下公視訳『制度・制度変化・経済成果』晃洋書房，1994年，*ISBN:* 4-7710-0758-6，2625円
ノースの主要研究分野は経済史と制度変化理論であるが，後者の分野の主著である。制度，制度変化，および制度と経済パフォーマンスとの連関をどのようにとらえるべきかについて，簡潔ではあるが，体系的にわかりやすく説明されている。

青木昌彦著，瀧澤弘和・谷口和弘訳『比較制度分析に向けて』*NTT*出版，2001年（2003年9月改装版），*ISBN:* 4-

7571-2119-9, 4,095 円（第 1 章は著者のホームページで公開されている。http://www.rieti.go.jp/users/aoki-masahiko/chap1.pdf）

3部構成からなる専門的な大著ではあるが，第1章と第I部「プロト制度」では比較制度分析における「制度」の考え方やその基本的モデルなどの基幹部分が詳細に説明されている。ノース，ウィリアムソンなどの新制度経済学の諸研究への言及が随所でおこなわれており，そこから新制度派と比較制度分析との連続性と断絶性を読みとることもできよう。

ミシェル・アグリエッタ著，若森章孝・山田鋭夫・大田一廣・海老塚明訳『資本主義のレギュラシオン理論』大村書店，1989年（2000年増補新版），*ISBN:* 9-7847-5632-0230, 4725 円

レギュラシオン理論の創始的著作であり，「レギュラシオン様式」，「蓄積体制」，「制度諸形態」などの，レギュラシオン理論の基本的理論装置が，アメリカ資本主義の歴史的実証分析からどのようにして構築されたのかを学ぶことができる。なお，その他レギュラシオン理論関連の著作は，ロベール・ボワイエの著作を中心にかなり多くのものが邦訳されている。

フィリップ・バティフリエ編，海老塚明・須田文明監訳『コンヴァンシオン理論の射程』昭和堂，2006年，*ISBN:* 4-8122-0644-8, 3570 円

多くの代表的研究者が結集して執筆された，コンヴァンシオ

ン理論の流れを体系的に把握することができる著作である。制度を「慣行(コンヴァンシオン)」としてとらえることの意義と重要性,「慣行の戦略的アプローチ」とはなにか,「慣行の解釈学的アプローチ」とはなにかが詳細に説明されている。巻末にある「訳者解説にかえて」では,コンヴァンシオン理論の独自性が簡潔に述べられている。

ジェフリー・M・ホジソン著,八木紀一郎・橋本昭一・家本博一・中矢俊博訳『現代制度派経済学宣言』名古屋大学出版会,1997年, *ISBN:* 4-8158-0323-4, 5600円
新古典派経済学の合理性概念の批判,方法論的個人主義の再検討,新制度学派の組織論の欠陥の考察などを通じて,ヴェブレンの進化論的経済学の現代的刷新を試みた著作である。ホジソンの経済学を理解するうえで重要な「混成原理」概念も終章で詳しく説明されている。

人名索引

あ
青木昌彦　4, 100-105, 147
アマーブル（Amable, B.）　118
アリストテレス（Aristotle）　54
アルベール（Albert, M.）　118
ヴァンバーグ（Vanberg, V.）
　78
ウィリアムソン（Williamson, O.）
　4, 81-87, 88, 123, 141, 146
ウィンター（Winter, S.）　91
ヴェーバー（Weber, M.）　53
ヴェブレン（Veblen, T.）　4, 11-28, 29-31, 35-38, 46, 47, 52, 71-72, 90, 117-118, 130-131, 141, 144-145
エアーズ（Ayres, C.E.）　21
エルドリッジ（Eldredge, N.）
　94
オイケン（Eucken, W.）　4, 74-78

か
キャナン（Cannan, E）　29
グールド（Gould, S.J.）　94
グライフ（Greif, A.）　4, 106-107
グロスマン（Grossman, S.）
　103
ケインズ（Keynes, J.M.）　114, 123
コモンズ（Commons, J.）　4, 35-50, 68, 70, 128, 141-142, 145, 148
コルナイ（Kornai, J.）　52, 76

さ
サイモン（Simon, H.）　39, 85, 88, 123
シュモラー（Schmoller, G.）
　4, 5-11, 16, 142, 145
シュンペーター（Schumpeter, J. A.）　59
スペンサー（Spencer, H.）　17
スミス（Smith, A.）　29, 37, 52, 60, 63
ソスキス（Soskice, D.）　118

た
ダーウィン（Darwin, C.）　12, 13, 15-16, 27-28, 36, 38, 94, 131
テヴノ（Th?venot, L.）　126, 128
デュルケム（Durkheim, E.）
　53, 132
トゥルンワルト（Thurunwald, R.）
　53

な
ニュートン（Newton, I.）　38
ネルソン（Nelson, R.）　91

ノース（North, D.） 4, 87-98, 116-118, 120, 124, 133, 141, 147, 149

は
ハート（Hart, O.） 103
ハイエク（Hayek, F.） 4, 62-74, 76, 144, 146, 149
ハミルトン（Hamilton, W.） 4, 28-35
パレート（Pareto, V.） 53
ファーガソン（Ferguson, A.） 63
ファヴロー（Favereau, O.） 128
ブキャナン（Buchanan, J.M.） 78
ヘーゲル（Hegel, G.W.F.） 28
ベーム（B?hm, F.） 74
ペリカン（Pelikan, P.） 91
ホール（Hall, P.） 118
ホジソン（Hodgson, G.） 4, 26, 129-136, 147
ホブソン（Hobson, J.A.） 29
ポランニー（Polanyi, K.） 4, 50-54, 128, 142
ホリングワース（Hollingsworth, J.） 52
ボルタンスキ（Boltanski, L.） 126
ボワイエ（Boyer, R.） 52

ま
マーシャル（Marshall, A.） 12
マリノフスキー（Malinowski, B.K.） 53
マルクス（Marx, K.） 15, 21, 114, 118
ミーゼス（Mises, L.） 62, 76
ミッチェル（Mitchell, W.C.） 29
ムーア（Moore, J.） 103
メイン（Maine, H.J.S.） 41
メンガー（Menger, C.） 4, 5, 57-62, 63, 69, 71, 146

ら
ルイス（Lewis, D.） 122, 124

わ
ワルラス（Walras, L.） 103

事項索引

あ
アナール学派　116
インセンティブ　96-98
オーストリア学派　1,3-4,5,14,
　30,57-74,75-76,117,142-143

か
階層性　118
活動ルール　38,40
過程　17,29,38,140
ガバナンス構造　83,86
貨幣制度　74
貨幣の起源　58
慣習　6,9,11,30-31,39,41-42,46,
　71,133
慣性　18,21,23-24,27,31,33
機会主義　84
機関　6-7
企業　81-83
共進化　28,90
共有空間　126-128
均衡　2,14,17,29,38,62,140
　──としての制度　100
　ルールの──　→「均衡」
くりかえしゲーム　99
経路依存性　25,96
ケインズ主義　149
契約　125
権威　7,41-42
限定合理性　84-85,123

交換　44,51-54
公共選択理論　78,91
構造主義　53
構造的危機　120
功利主義　13-15,125
効率性　2,84,91
　──条件　102
　適応的──　91,97
　分配的──　91,97
ゴーイング・コンサーン　38,
　40,42-43,46,48
コーディネーション　43,51-
　52,62,64,66,68,76,82,92,99,125
　-129
互酬　51-54
個人主義　30
　方法論的──　25,59,98,123,
　142
国家の起源　58
国家の役割　69-70,77
古典派　1,13,17,30,37,143
コモン・ロー　31,41-42,47,68,
　69,70
コンヴァンシオンの経済学　4,
　121-129,141
コントロール　29,38

さ
再帰的因果関係　25
再構成的な下向きの因果関係

134
再分配　51-54
自己強化　25
市場　2,82-83
　——秩序　→「秩序」
　政治——　91
資本主義　3,15,22-23,33,39-40,
　52-54,82,114,128,130,144
　——の多様性　118-119
　理性に適う——　36
社会主義　3,5,8,23,30,54,60,62,
　66,70,130,142,144,149
社会的市場経済　78
収穫逓増　25,95
習慣　18-19
　——的行動　19,23-24,30,37,
　42,47-48
自由主義　5,8,50,60,62,66,70,
　76,142
　オルド——　4,74-78
重商主義　8
集団的行動　36,46,50
将来性　48-49
所有　76
　——権　43,85,97,103
　——制度　74
進化　14,17,19,21,23,25,27,36,
　38,72,133
　——経済学　91
　企業の——　46
　文化的——　72
進化論　12-13,16-18,23-24,131
　——的制度主義　4,11-28,
　130

新古典派　2-3,12-13,17,29-30,
　37,81-91,103,116,123,130,134,
　140,143
　——の限界　88-89
新制度派　2,4,39,81-109,116,
　120,134,141-142
生存能力　120
制定法　42,68
制度　2-3,6,46,48,57,71,101,
　134,144-147
　——化された精神　38-39,47
　-49
　——化された妥協　117,120
　——諸形態　114-115
　——的軌道　25
　——的多様性　103
　——の起源　60-62,100
　——の形成　19,23-24
　——の進化　11,18,22,36,71,
　87
　——の進化論的選択　27-28
　——の転換　32-33
　——の変化　17,93,120
　——のマトリックス　92,95-
　96
　——の両義性　34-35
　——配置　83,102-103
　——補完性　102,118
　均衡としての——　100
　コンヴァンシオン的な——
　　123-125
　システムとしての——　107
　社会的ルールとしての——
　　133

フォーマル/インフォーマルな
　　——　33,86,89,94-95,124-125
　有機的——　60
正統性　125-126
制度学派（旧制度派）　1,2,4,10,16,11-54,81,90,141-142
選好　26-27
選択　23,25,28,38
組織　6,11,39,42,63,81,92-93,107,133
　——の経済学　39
　——の多様性　84
　活動的——　40,46,47,49
創発　132,141,144

た
ダーウィニズム　12,17,130-131
　社会的——　27,73,130
妥協　128
多層的存在論　131
蓄積体制　113-116,119-120
秩序　35,63,73,75,149
　規範的　126-128
　市場——　76
　自生的——　63-66,68,70,72,74
知識　11,31,35,62,66,67,88
テーラー主義　116
手続的合理性　123
統合の諸形態　51-54
道徳　6,9-10
取引　43

　——コスト　82-87
　経営——　44-45
　戦略的——　44
　売買——　44-45
　ルーティン的——　44,46
　割当　44-45

な
二項対立論　21

は
発生論　13,16,18,33
パフォーマンス　95-96,107,120,144
パレート最適　91
ヒエラルキー　82,84,99
比較制度分析　98-107
フィードバック・プロセス　93
フォーディズム　115-116,149
プラグマティズム　16,49
文化　24,31
紛争　37-38
法　6,8-11,68
　——制度　74
方法論争　5
方法論的個人主義　→「個人主義」
方法論的ホーリズム　25,142
ポスト・ケインズ派　115
本能　19-23,52,71,72

ま
マルクス主義　113
満足化　85,89

メンタル・モデル　89,93

や
予想　100,106-109
　　共有——　101

ら
ラディカル派経済学　84
累積的因果連関　13,17,24,36
ルール　64,67,71,77,92,98-100,
　　107,121,133,149
　　——の均衡　128
　　暗黙の——　99
　　正義に適う——　64,67,69,
　　　72,73,74,76,142
　　正統な——　127
　　フォーマル／インフォーマルな
　　　——　41,97
　　立憲的——　76,78
歴史学派　1,4,5-11,16,50,57,75,
　　116,118
レギュラシオン様式　114-115,
　　119
レギュラシオン理論　4,111-
　　121,141,147
ロックイン　96

わ
ワーキング・ルール　41-42,
　　44,47

【著書】
ベルナール・シャバンス
1947年生まれ。パリ第7大学教授。EHESS（社会科学高等研究院）主任研究員。『社会主義のレギュラシオン理論』（大村書店），『システムの解体』（藤原書店）など。

【訳者】
宇仁宏幸（うに　ひろゆき）
京都大学大学院経済学研究科教授。『入門社会経済学』（共著，ナカニシヤ出版），『制度と調整の経済学』（ナカニシヤ出版）など。

中原隆幸（なかはら　たかゆき）
四天王寺大学人文社会学部准教授。バルビエ／テレ『フランスの社会保障システム』（共訳，ナカニシヤ出版），『対立と調整の政治経済学』（ナカニシヤ出版）など。

斉藤日出治（さいとう　ひではる）
大阪産業大学経済学部教授。『帝国を超えて』（大村書店），シャバンス『システムの解体』（共訳，藤原書店）など。

入門制度経済学

2007年4月25日　初版第1刷発行
2013年4月1日　初版第3刷発行

著　者　ベルナール・シャバンス
訳　者　宇仁宏幸　中原隆幸　斉藤日出治
発行者　中西健夫
発行所　株式会社ナカニシヤ出版
　　　　〒606-8161　京都市左京区一乗寺木ノ本町15番地
　　　　　　　　　Telephone 075-723-0111
　　　　　　　　　Facsimile 075-723-0095
　　　　　　　　　Website http://www.nakanishiya.co.jp/
　　　　　　　　　Email　iihon-ippai@nakanishiya.co.jp
　　　　　　　　　郵便振替　01030-0-13128

装幀＝白沢　正／印刷＝創栄図書印刷／製本＝吉田製本
© Hiroyuki Uni, *et al.*, 2007　　Printed in Japan.
ISBN978-4-7795-0116-1 C1033

企業の政治経済学
――コンヴァンシオン理論の射程――

F・E・デュヴルネ／海老塚明・片岡浩二ほか訳

政治哲学や認知理論の最新の成果を導入した新しい企業理論テキスト。制度や慣行のメカニズムを明らかにする、コンヴァンシオン理論への入門としても最適。

一八九〇円

フランスの社会保障システム
――社会保護の生成と発展――

J=C・バルビエ＋B・テレ／中原隆幸・宇仁宏幸ほか訳

少子高齢化、若者の失業、医療保険・年金の破綻危機…。フランスはどのように「福祉国家の危機」に対応したのか。新しい福祉社会を目指すフランスの試み。

一八九〇円

経済のグローバル化とは何か

ジャック・アダ／清水耕一・坂口明義訳

世界システム論やレギュラシオン理論を駆使しながら、グローバル化の歴史と未来、理論と諸問題を包括的に解説。

二五二〇円

入門社会経済学
――資本主義を理解する――

宇仁宏幸・遠山弘徳・坂口明義・鍋島直樹

ポスト・ケインズ派からレギュラシオン理論まで、非新古典派＝社会経済学の共有する最新の経済理論を体系的に解説。

二九四〇円

表示は二〇一三年四月現在の税込価格です。